신문이 보이고 35
뉴스가 들리는

재미있는

미생물과 감염병 이야기

신문이 보이고 뉴스가 들리는 ㉟
재미있는 미생물과 감염병 이야기

초판 1쇄 발행 | 2014년 1월 10일
초판 13쇄 발행 | 2023년 5월 3일

지 은 이 | 천명선
그 린 이 | 박재현
감 수 | 강희철

펴 낸 곳 | (주)가나문화콘텐츠
펴 낸 이 | 김남전
편 집 장 | 유다형
편 집 | 김아영
외주 편집 | 조경인
디 자 인 | 양란희
마 케 팅 | 정상원 한웅 김건우
경영관리 | 임종열 김다운

출판등록 | 2002년 2월 15일 제10-2308호
주 소 | 경기도 고양시 덕양구 호원길 3-2
전 화 | 02-717-5494(편집부) 02-332-7755(관리부)
팩 스 | 02-324-9944
홈페이지 | ganapub.com
이 메 일 | ganapub@naver.com

ISBN 978-89-5736-650-9 (74470)

이 도서의 국립중앙도서관 출판시도서목록(CIP)은 서지정보유통지원시스템 홈페이지(http://seoji.nl.go.kr)와
국가자료공동목록시스템(http://www.nl.go.kr/kolisnet)에서 이용하실 수 있습니다.(CIP제어번호: CIP2013027958)

• 제조자명 : (주)가나문화콘텐츠
• 주소 및 전화번호 : 경기도 고양시 덕양구 호원길 3-2 / 02-717-5494
• 제조연월 : 2023년 5월 3일
• 제조국명 : 대한민국
• 사용연령 : 4세 이상 어린이 제품

신문이 보이고 뉴스가 들리는 35

재미있는

미생물과 감염병 이야기

글 천명선 | 그림 박재현
감수 강희철(연세대학교 의과대학 가정의학교실 교수)

가나출판사

알면 알수록 흥미로운
보이지 않는 미생물의 세계

어릴 적 예방주사를 맞는 일은 항상 두려웠습니다. 길게 줄을 선 친구들 틈에서 순서를 기다리는 마음이 어찌나 조마조마했던지요. 이 모든 게 눈에 보이지 않는 작은 미생물들 때문이라는 걸 알았을 때 이 녀석들의 정체를 파악하고 싶다는 생각이 들었고, 지금의 직업을 선택하는 데 많은 영향을 미쳤답니다. 파스퇴르나 코흐 같은 과학자들은 선망의 대상이었고, 이들의 연구는 그 어떤 모험담보다 흥미진진했지요. 감염병이 인류의 역사와 문화에 남긴 흔적들은 또 얼마나 재미있었는지 몰라요.

역사 속에서 인간과 작은 미생물들의 싸움은 항상 엎치락뒤치락했습니다. 페스트나 콜레라 같은 악명 높은 감염병은 더 이상 우리를 위협하지 못하게 되었지만, 정체모를 다른 감염병이 나타나 우리를 긴장시키니 말이지요. 최근 신종 플루나 구제역 뉴스 등을 접하면서 현대의 감염병이 병원체뿐 아니라 다양한 차원에서 이야깃거리를 만들어 낸다는 것을 다시금 실감합니다. 그래서 이 책을 통해 그런 다양한 이야기

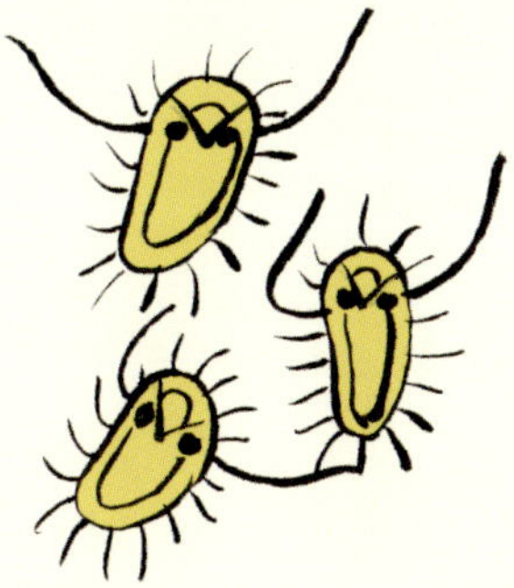

들을 전해 주고 싶었답니다. 손 씻기 같은 작은 행위의 중요성에서부터 지구온난화나 생태환경 보전 같은 큰 틀의 이야기까지 쉽고 체계적으로 다루고자 하였으니 재미있게 즐겨 주길 바랍니다.

어린 시절 미생물의 세계가 나를 사로잡았듯이, 이 책이 여러분에게 미생물과 감염병에 대한 관심을 불러일으킬 수 있었으면 좋겠어요. 그리고 조금 더 욕심을 내자면, 인간과 감염병과의 힘겨루기에 동참할 미래의 멋진 과학자와 의학자의 꿈을 키우는 데 도움이 되길 바라요. 꼭 그렇지 않더라도 여러분이 뉴스에서 들려오는 감염병 관련 소식에 귀를 기울이고 고개를 끄덕이게 된다면, 그것만으로도 저자로서 큰 보람을 느낄 것 같습니다.

미생물의 세계를 재미있게 전달하고 싶은
천명선

우리 건강과 직결된 미생물과 감염병 이야기

여러분은 공부도 잘하고 싶고, 운동도 잘하고 싶고, 하고 싶은 다른 것들도 아주 많을 거예요. 그리고 그러기 위해서는 건강을 지키는 것이 중요하겠지요. 그렇지만 우리는 평소 건강하다는 것이 얼마나 감사한 일인지 잘 모르고 지낼 때가 많아요. 몸이 아프면 건강의 소중함을 더 크게 느끼게 돼요. 감기만 걸려도 콜록콜록 기침이 나고 목이 따끔거리고 머리가 지끈지끈 아파서 아무것도 제대로 할 수가 없지요.

우리의 건강을 위협하는 가장 큰 원인은 바로 세균과 바이러스예요. 세균과 바이러스가 질병을 일으킨다는 사실을 알게 된 것은 인류 역사에서 그리 오래 되지 않았어요. 그리고 현미경이 발명된 후에야 그러한 미생물의 존재를 눈으로 확인하게 되었답니다. 병의 원인을 모르던 옛날에는 잘못된 치료법으로 병을 키우거나 속수무책으로 죽음을 맞이하는 수밖에 없었지만, 지금 우리는 병에 걸리면 진찰을 받고 약을 먹거나 수술을 받을 수도 있어요. 그건 바로 과학과 의학의 발달 덕분이랍니다. 그 뒤에는 수많은 과학자와 의학자들의 공로가 있었고요.

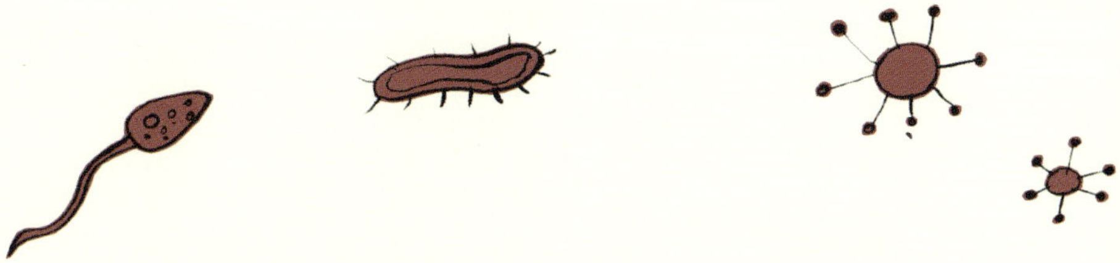

이 책은 미생물과 감염병에 대한 놀랍고도 흥미로운 정보를 담고 있어요. 미생물이란 무엇인지, 우리에게 해를 끼치는 미생물은 어떤 것이 있는지, 또 감염병이 인류의 역사와 현재 우리 사회에 미치는 영향은 어떠한지, 우리 건강을 지키려면 어떤 노력을 해야 하는지 등 미생물과 감염병에 관한 양질의 정보를 쉽고 재미있게 구성했답니다. 여러분의 건강과 직결된 상식과 지식을 이 책을 통해 얻을 수 있을 거예요. 이제 미생물이나 감염병을 무시무시하게만 생각할 필요는 없어요. '아는 것이 힘'이고, '지피지기면 백전백승'이니까 말이에요. 이 책을 읽고 미생물과 감염병, 그리고 우리 몸에 대해 더 큰 관심을 갖게 되길 바라요.

연세대학교 의과대학 가정의학교실 교수
강희철

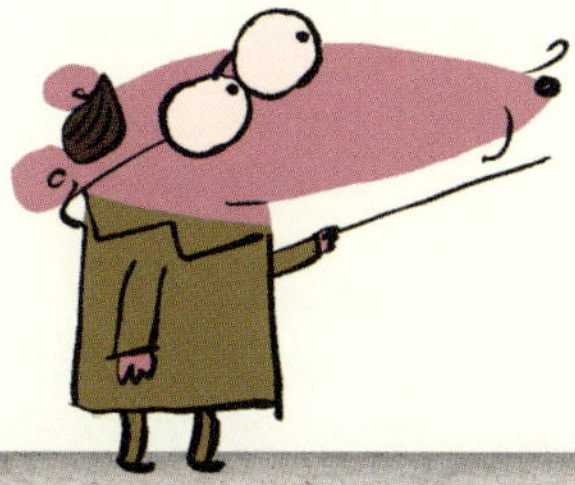

| 차 례 |

1장

우리 몸과 미생물 · 12

2장

질병의 원인을 밝힌 과학의 힘 · 34

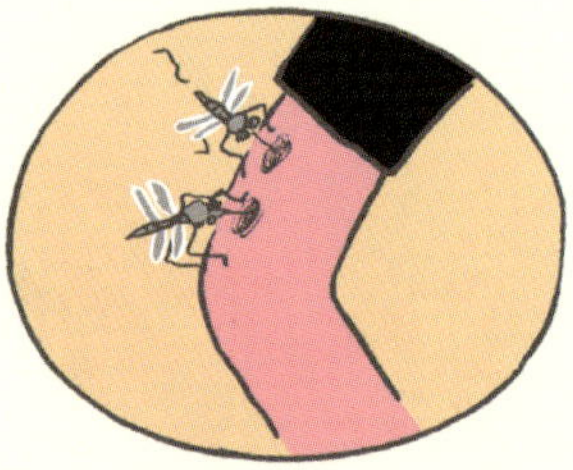

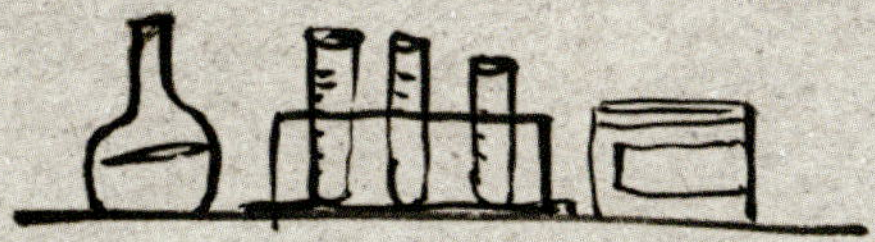

3장

역사를 바꾼 감염병 · 60

4장

뉴스에 자주 등장하는 감염병 · 84

박멸하자!!
기생충
자나깨나
불조심
채변

7장

1장
우리 몸과 미생물

우리 몸에는 수많은 미생물들이 살고 있어요

우리 몸을 우주나 바다 속처럼 탐험해 본다면 어떨까요? 사실 건강한 우리 몸속과 피부, 그 어느 곳에나 눈에 보이지 않는 많은 미생물들이 살고 있어요. 그 숫자는 자그마치 100조 개나 된답니다. 미생물들에게는 인간의 몸이 하나의 거대한 세계와 같아요. 근대에 이르러 과학자들은 이런 미생물을 연구하기 시작했어요. 왜냐하면 미생물은 사람의 건강과 깊이 관련되어 있기 때문이지요.

예를 들면, 피부에는 피부 세균총이라고 부르는 미생물 무리가 사람이 태어난 순간부터 자리 잡고 있습니다. 적어도 1,000가지 종류의 세균들이 사이좋게 살아가고 있는데 그 숫자는 1,000억 개쯤 된다고 해요. 피부에 살고 있는 가장 흔한 세균은 표피 포도상구균이에요. 이 세균은 감염증을 일으키기도 하지만 항상 해를 주는 것은 아니에요. 오히려 병을 일으키는

세균들이 자리 잡지 못하게끔 도와주기도 하거든요. 정상적인 인간의 몸은 나쁜 세균을 죽일 수 있는 항균 단백질을 만들거나, 피부의 산성을 조절하는 물질을 분비해서 세균총이 정상적으로 유지될 수 있도록 합니다. 온도나 산도, 수분 같이 각 인체 조직이 만들어 내는 환경이 각기 다르기 때문에 세균총을 이루는 세균의 종류와 수도 전부 다르지요.

또 다른 세균총으로는 장내 세균총도 있어요. 독한 위산 때문에 세균이 살기 힘든 위에는 별로 없지만 작은창자와 큰창자에는 아주 많은 수의 세균이 살고 있지요. 그 가운데에는 유익한 세균도 있고 해로운 세균도 있어요.

우리가 먹은 음식물이나 약 때문에 장 내부의 환경이 달라질 수 있어요. 채소와 야채를 골고루 먹지 않고 고기만 먹으면 해로운 세균들이 살아남는 데 좋은 환경이 돼요. 김치나 요구르트 같은 발효식품은 유익한 세균이 늘어나도록 도와주지요. 스트레스를 많이 받아서 장내 세균총을 이루는 세균들의 비율이 달라지거나 병원성 세균이 들어와서 자리를 잡으면 우리 몸은 탈이 나게 되지요. 가볍게는 설사가 일어날 수도 있고, 장염 또는 그보다 더 심한 증세를 보이기도 해요.

세균과 바이러스는 어떻게 다른가요?

미생물의 대표 주자는 세균이에요. 세균보다 좀 더 복잡한 구조의 원충류도 미생물에 포함되지요. 이들은 모두 우리 몸에 허락 없이 들어와 세 들어 살면서 숫자를 늘려 갈 수 있어요. 집주인 생물을 '숙주'라고 하고, 이렇게 세 들어 사는 것을 '기생'이라고 한답니다.

세균은 매우 빠르게 증식해요. 우리 몸은 세균이 증식하기에 아주 적당한 환경을 제공하기 때문이지요. 예를 들어 대장균은 그 수가 두 배로 늘어나는 데 20분이면 충분하답니다. 대장균은 자신과 똑같은 세균을 또 하나 만들어 내는 이분법(한 세포 안에서 유전물질인 DNA를 똑같이 복제하여 세포를 둘로 갈라 복제한 DNA를 나누어 갖는 번식 방법)으로 증식하거든요. 이렇게 증식한 세균들은 우리 몸속 혈액이나 조직을 돌아다니면서 우리가 소화하고 흡수한 양분으로 살아간답니다. 세균은 이렇게 스스로 증식하지만, 바이러스는 그렇지 못해요. 그래서 다른 생물에 의지하지 않으면 살아남을 수도, 수를 늘릴 수도 없지요.

세균은 생물에 속해요. 하지만 바이러스는 생물인지 무생물인지 애매하지요. 먼저 생물과 무생물을 구분하는 기준 세 가지를 알아볼까요?

겨울이면 처마 밑에서 고드름도 자라고, 여름이면 밭에서 수박도 자라요. 수박은 식물에 속하는 생물이지만 고드름은 생물이라고 하지 않지요. 그것은 생물

과 무생물을 나누는 세 가지 기준 때문이에요. 첫째, 생물은 스스로 자손을 만들어 낼 수 있어요. 둘째, 스스로 양분을 먹고 소화하고 에너지를 만드는 능력이 있지요. 셋째, 외부 반응에 적응하고 진화할 수 있어요. 바이러스는 스스로 증식할 수 없기 때문에 첫 번째 기준을 만족시키지 못해요. 하지만 두 번째와 세 번째 기준으로 보면 생물에 가깝지요. 그래서 바이러스는 생물과 무생물의 중간에 있다고 할 수 있어요.

호기심이 번쩍!

기생충도 미생물에 속할까요? 기생충은 세균 같은 미생물처럼 우리 몸에 들어와 기생해요. 하지만 기생충은 크기가 미생물보다 훨씬 크기 때문에 기생동물로 따로 분류한답니다.

바이러스는 다른 생물의 세포 속에 들어가서 세포가 가지고 있는 재료를 자기 것처럼 써 버린답니다. 숟가락만 달랑 들고 남의 집에 들어가서 천연덕스럽게 밥상에 앉아 밥을 먹는 셈이죠.

바이러스가 우리 몸에 들어오면 특별히 좋아하는 부위에 자리 잡아요. 어떤 바이러스는 피부 세포를 좋아하고, 어떤 바이러스는 폐 세포를 좋아하지요. 일단 세포에 착 달라붙으면 그 세포 속으로 자신들의 유전물질을 집어넣어요. 그러면 그 유전물질들은 세포를 이용해서 바이러스를 복제해요.

유전물질은 DNA, RNA라고 부르는 작은 사슬인데 세포의 핵 속에 들어 있어요. 여기에는 우리의 머리카락 색깔, 눈동자 색깔, 혈액형 같은 방대한 정보가 담겨 있답니다. DNA나 RNA만 있으면 바이러스를 복제할 수 있어요. 복제란 자신과 같은 유전 정보를 가진 바이러스를 많이 만들어 내는 것을 말해요. 세포 속에서 무수히 수를 늘린 바이러스는 결국 세포를 뚫고 밖으로 빠져나와서 우리 몸에 병을 일으키게 되지요. 바이러스가 빠져나온 세포는 망가져 버린답니다.

세균과 바이러스는 둘 다 병을 일으키는 병원체라고 생각하나요? 사실 세균은 병을 일으키기도 하지만 인간에게 도움을 주는 게 더 많아요. 반대로 바이러스는 이로운 것보다 해로운 것이 더 많지요.

바이러스는 세균의 1000분의 1 정도 크기로 너무 작아서 전자현미경이 발명되기까지는 그 실체를 눈으로 확인할 수가 없었어요. 1890년대 러시

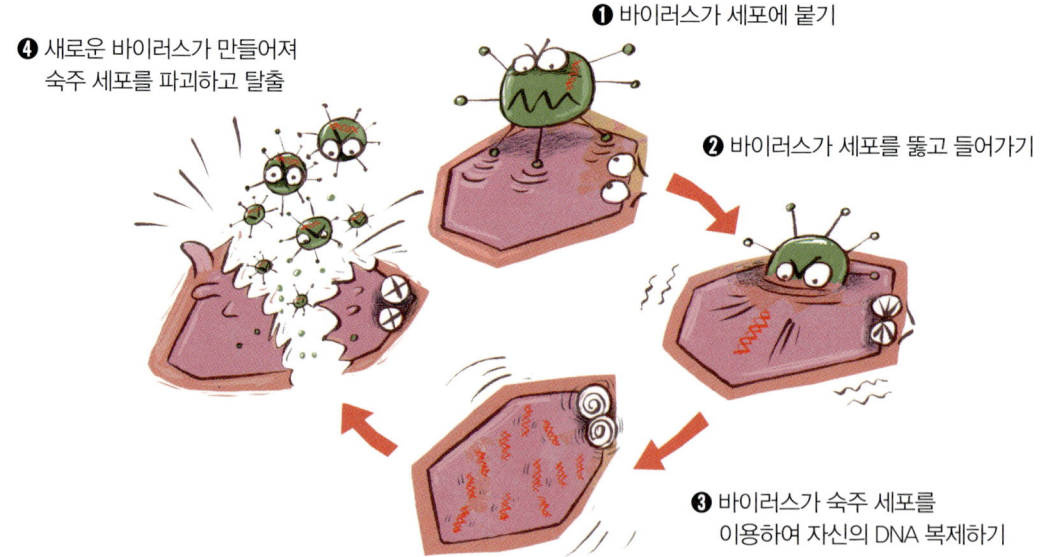

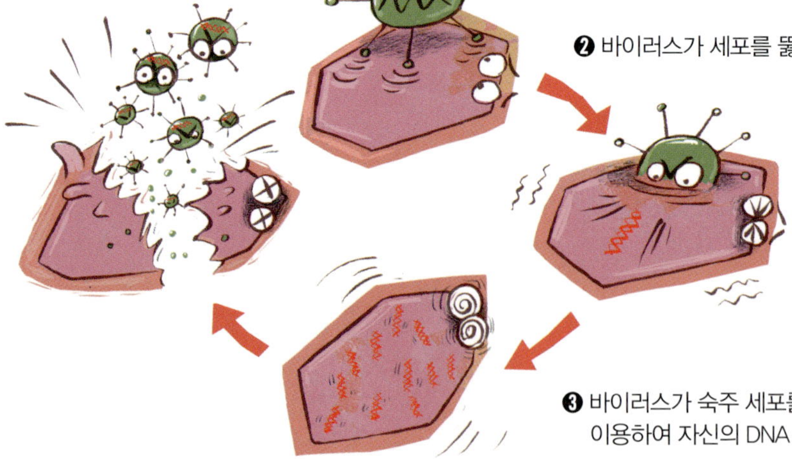

❶ 바이러스가 세포에 붙기
❷ 바이러스가 세포를 뚫고 들어가기
❸ 바이러스가 숙주 세포를 이용하여 자신의 DNA 복제하기
❹ 새로운 바이러스가 만들어져 숙주 세포를 파괴하고 탈출

아의 미생물학자 이바노프스키가 담뱃잎에 발생하는 병을 연구하다가 세균보다 더 작은 미생물의 존재를 알게 되었어요. 그리고 몇 년 후 이바노프스키의 실험을 다시 시도했던 네덜란드의 과학자 베이에링크가 '바이러스'라는 이름을 최초로 사용했답니다. 하지만 담뱃잎에 병을 일으키는 담배모자이크 바이러스를 처음 확인한 것은 그로부터 40년 뒤였어요. 물체를 수십만 배 확대해서 볼 수 있는 전자현미경이 발명된 덕분이지요. 그 뒤로 바이러스에 대한 연구가 활발하게 진행되었어요. 그로 인해 두창, 감기, 홍역, 소아마비 같은 병의 원인이 바이러스라는 것도 알게 되었답니다.

'바이러스'라는 명칭을 최초로 사용한 마르티누스 베이에링크

DNA와 RNA

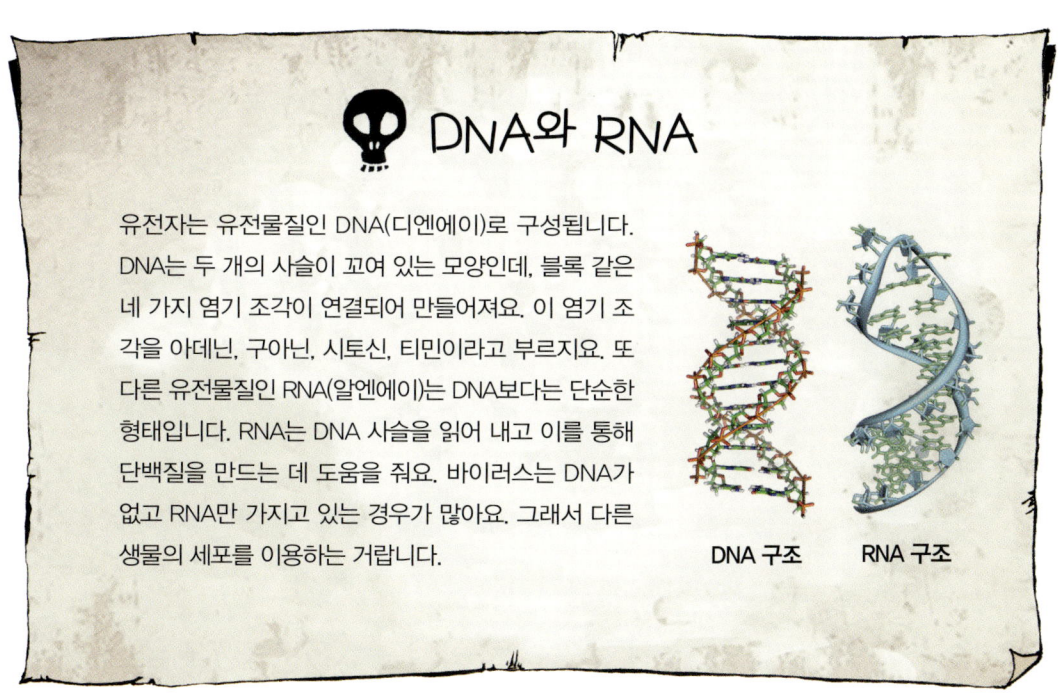

유전자는 유전물질인 DNA(디엔에이)로 구성됩니다. DNA는 두 개의 사슬이 꼬여 있는 모양인데, 블록 같은 네 가지 염기 조각이 연결되어 만들어져요. 이 염기 조각을 아데닌, 구아닌, 시토신, 티민이라고 부르지요. 또 다른 유전물질인 RNA(알엔에이)는 DNA보다는 단순한 형태입니다. RNA는 DNA 사슬을 읽어 내고 이를 통해 단백질을 만드는 데 도움을 줘요. 바이러스는 DNA가 없고 RNA만 가지고 있는 경우가 많아요. 그래서 다른 생물의 세포를 이용하는 거랍니다.

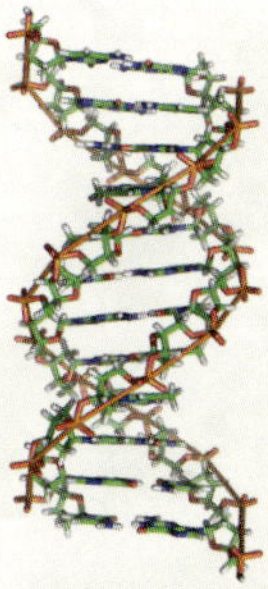
DNA 구조

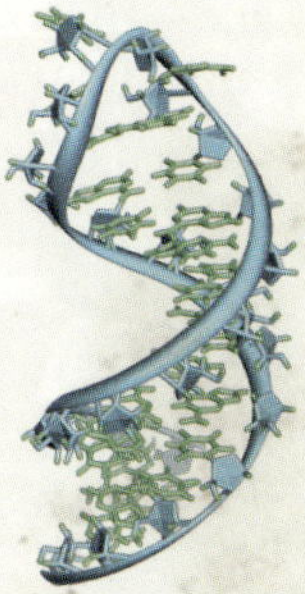
RNA 구조

감염병과 전염병의 차이는 무엇인가요?

감기에 걸리면 콧물이 나고 기침을 하고 열이 나는 등의 증상이 일어나요. 이 같은 증상을 일으키는 것은 눈에 보이지 않는 작은 미생물이지요. 이러한 미생물을 '병원체'라고 해요. 병을 일으키는 원인이라는 뜻이에요. 세균이나 바이러스, 곰팡이 같은 것들이 병원체가 될 수 있어요.

병원체가 우리 몸에 들어와서 갑자기 그 수가 늘어나게 되는 것을 '감염'이라고 해요. 그리고 감염으로 인해 병이 나는 것을 '감염병'이라고 하지요. 식중독균 때문에 설사가 난다거나 몸의 어떤 부위에 염증이 생긴다거나 폐렴에 걸린다거나 하는 것처럼요. 하지만 감염병이 항상 남에게 옮는 것은 아니에요. 감염병 중에서도 사람 간의 접촉이나 물 또는 공기를 통해서 누군가에게 옮을 수 있는 질병을 우리는 '전염병'이라고 불러요. 바로 감기가 대표적인 전염성 질환이지요. 하지만 일부 질병은 전염성이 매우 낮음에도 불구하고 전염병이라는 용어 탓에 불필요한 공포심을 일으키기 때문에 2010년 보건복지부에서는 전염병을 '감염병'이라는 용어로 바꾸었답니다.

병원체 중에는 우리가 그동안의 연구를 통해 잘 알고 있는 것도 있지만 새롭게 나타나서 생소한 감염병을 퍼뜨리는 것들도 있어요. 바이러스는 단순하게 생겨서 쉽게 돌연변이를 만들거든요. 감기는 전염력이 강하지만 약을 먹고 충분히 휴식을 취하면 나을 수 있는 병이에요. 하지만 돌

연변이 바이러스에 의해 발생하는 사스나 메르스, 코로나19 같은 질병은 치료제가 아직 개발되지 않았기 때문에 매우 위험할 수 있지요.

지금까지 감염병은 인간의 생활을 바꾸고, 사회를 바꾸고, 문화를 만들고, 한 문명을 멸망시키기도 했답니다. 이처럼 감염병에는 많은 이야기가 담겨 있어요. 신문과 뉴스에 감염병 소식이 나오면 특히 관심을 가지고 살펴보도록 하세요.

잠복기란 무엇인가요?

심한 감기에 걸려 학교에 빠진 적이 있나요? 아니면 친구가 수두나 홍역에 걸렸을 때 며칠씩 얼굴을 못 본 적은요?

병에 걸리면 몸이 아픈 이유도 있지만 다른 친구들에게 병이 옮으면 안 되기 때문에 학교에 가지 않아요. 그렇다면 얼마나 오랫동안 친구들과 떨어져 있어야 할까요?

독감 바이러스를 예로 들어 볼까요? 우리 몸에 들어온 독감 바이러스는 아주 영리한 녀석이에요. 힘을 기르고 수를 늘릴 때까지 조용히 기다리고 있어요. 이렇게 바이러스가 숨어서 웅크리고 있는 기간을 '잠복기'라고 한답니다. 이 기간 동안 병원체는 우리 몸을 확실히 공격할 수 있도록 만반의 준비를 하지요. 하지만 겉으로 보기엔 아무 증상이 없기 때문에 우리는 몸 안에 독감 바이러스가 들어와 있는지 까맣게 모르고 있는 거예요. 그동안 바이러스는 우리 세포 속에서 복제를 거듭합니다.

독감 바이러스는 잠복기가 1~4일 정도예요. 마침내 잠복기가 지나면 바이러스는 우리 몸을 공격해서 열이 펄펄 나고 콧물이나 기침도 심해지기 시작해요. 일단 독감 증상이 시작되면 일주일 정도는 꼼짝할 수 없을 정도로 아프지요. 이 기간 동안 독감에 걸린 사람은 바이러스를 다른 사람에게 옮길 수 있어요. 또 증상이 나타나기 하루 전부터 바이러스의 전염이 가능하지요. 기침을 통해 바이러스가 몸 밖으로 나와 또 다른 숙주를 찾아가는 거예요. 하지만 우리 몸이 독감 바이러스를 모두 몰아내고 다시 건강해지면 더 이상은 바이러스를 퍼뜨리지 못해요. 그러니까 적어도 일주일쯤은 독감 걸린 친구와 떨어져 지내는 게 좋겠지요?

무증상 보균자도 있어요!

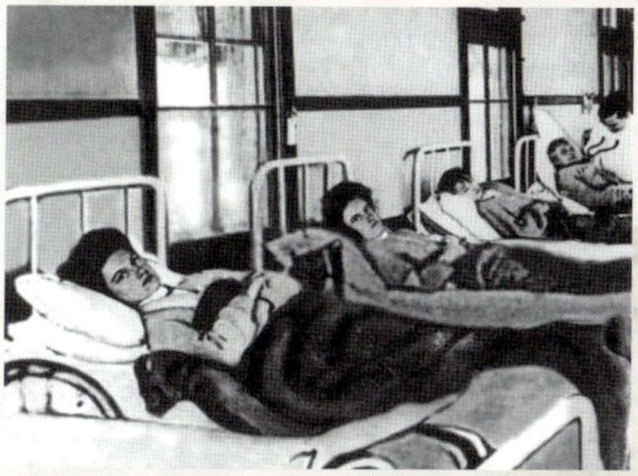

장티푸스 무증상 보균자였던 메리 말론(맨 앞)

겉보기에는 멀쩡하지만 몸에 병을 일으키는 세균이나 바이러스를 가지고 있어서 다른 사람들에게 병을 옮기는 경우가 있어요. 이런 사람을 '무증상 보균자'라고 합니다. 지금으로부터 100년 전 메리라는 요리사 아주머니가 영국에서 미국으로 건너왔어요. 그런데 이상하게도 메리 아주머니가 가는 곳마다 사람들이 장티푸스에 걸렸어요. 이 아주머니는 장티푸스균을 지니고 있었는데 겉으로는 증상이 없어서 자신도 병에 걸린 줄 몰랐던 거지요. 무려 51명의 사람들이 메리 아주머니 때문에 장티푸스에 걸렸고, 그 가운데 세 사람이 사망했어요. 그런데 이 아주머니가 일했던 곳을 모두 밝히지 않았기 때문에 사실 아주머니 때문에 장티푸스에 걸린 사람은 더 많았을 거라고 해요. 나중에 원인을 알게 된 사람들은 메리 아주머니를 3년 동안 홀로 떨어뜨려서 다른 사람들과 접촉하지 못하게 했답니다.

우리 몸을 지키는 방패 '면역'

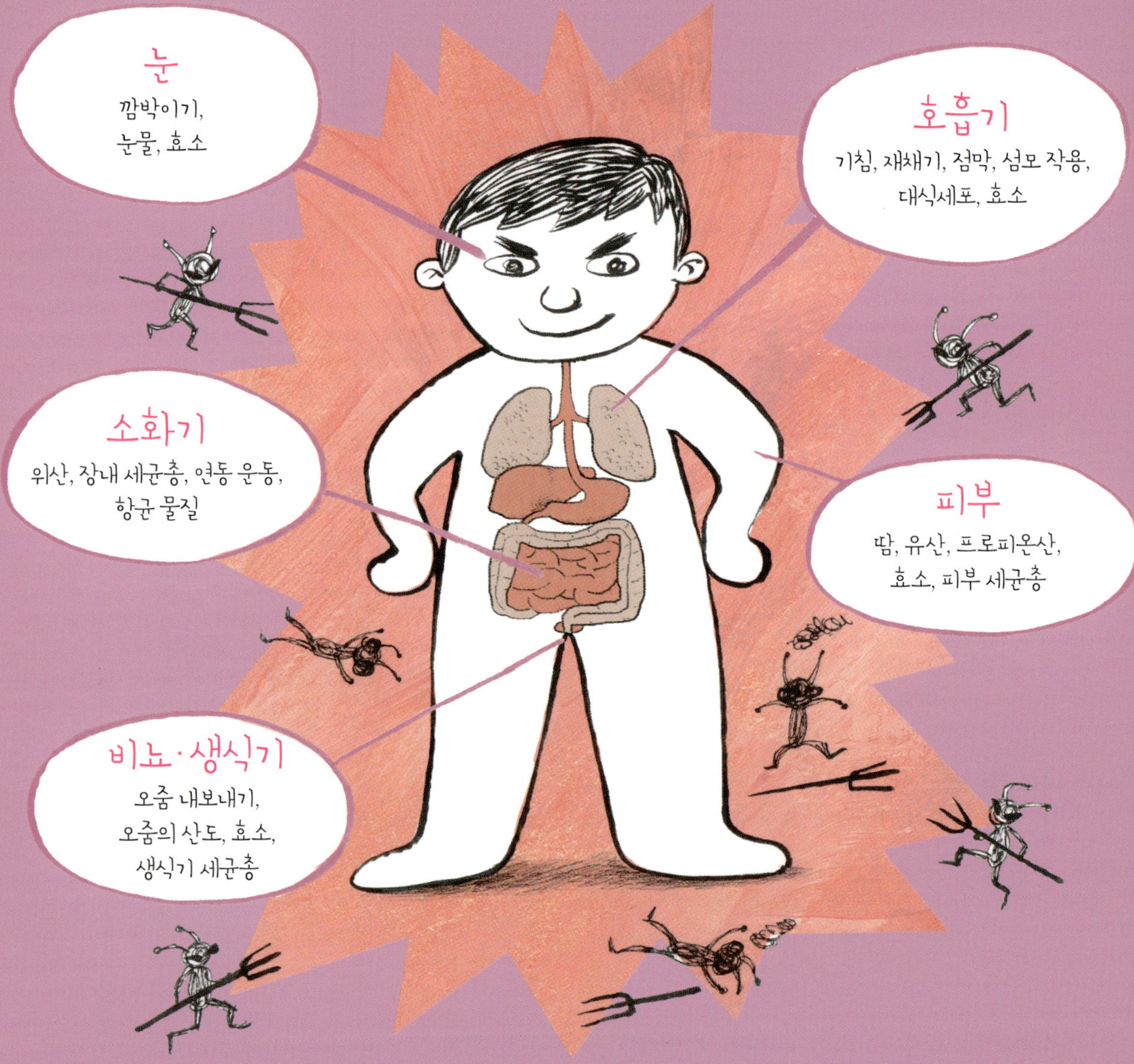

〈우리 몸의 방어벽〉

한겨울 바람 부는 날, 친구랑 같이 밖에 나가서 코가 빨개지도록 한참 놀았는데 나만 감기에 걸리고 친구는 말짱하네요. 왜 둘 다 감기에 걸리지 않은 걸까요?

사실 우리 몸에는 수없이 많은 미생물이 들락날락하고 있어요. 우리가 흘리는 눈물이나 콧물에도 미생물이 들어 있고, 사람의 똥도 반 정도는 미생물 덩어리랍니다. 책상과 컴퓨터 키보드, 버스 손잡이, 옷이나 머리카락에도 많은 미생물이 붙어 있고요. 우리는 이렇게 수많은 미생물 속에서 살고 있어요. 그러다가 병원체인 세균이나 바이러스가 우리 몸속에 들어오기도 해요. 하지만 그렇다고 누구나 다 병에 걸리는 것은 아니랍니다.

그것은 우리 몸이 스스로를 보호하는 강한 방어 체계를 갖고 있기 때문이에요. 이런 시스템을 '면역'이라고 부릅니다.

외부에 있는 병원체가 몸속으로 들어오려면 우선 첫 번째 방어벽을 만나게 돼요. 바로 눈물, 콧속 점막, 피부의 각질 그리고 소화기관의 강력한 소화액 등이지요. 눈을 깜박이고 눈물을 흘려서 미생물을 씻어 내보내기도 하고, 아예 눈물 속에 들어 있는 효소로 녹여 버리기도 해요. 또 우리가 숨을 쉬는 코와 기관지는 끈끈한 점막으로 덮여 있기 때문에 병원체가 달라붙어서 몸 안으로 들어올 수가 없어요. 입을 통해 들어온 병원체는 위산 때문에 대부분 녹아 버리며, 피부는 병원체를 막는 가장 두꺼운 벽이랍니다. 또한 오줌은 오줌길을 통해서 몸으로 들어오려는 세균을 내보내는 데 한몫을 하지요.

하지만 혹시라도 병원체가 이러한 방어벽을 뚫고 우리 몸속에 침입한다면 어떻게 될까요? 몸속으로 들어온 병원체는 이제 면역세포가 담당하게 돼요.

가장 대표적인 면역세포는 백혈구와 포식세포예요. 백혈구는 혈액 속에 들어 있는 세포로, 외부 물질에 대항하여 우리 몸을 보호하는 역할을 해요. 포식세포 또한 모든 조직에 분포하면서 세균과 바이러스와 노폐물을 없애 버려요. 이렇듯 백혈구와 포식세포가 첫 번째 방어벽을 뚫고 들어온 병원체를 잡아먹고 녹여 버린답니다.

그런가 하면 좀 더 복잡한 임무를 수행하는 면역세포들도 있어요. 'T세포'와 'B세포'라고 하는 림프세포들입니다. T세포는 다른 면역세포들에게 병원체가 몸에 들어왔음을 알려서 면역세포들이 재빨리 활동할 수

항원과 항체

'항원'은 바이러스나 세균과 같은 병원체가 가지고 있는 특별한 모양의 단백질이에요. 항원은 각각의 병원체에 따라 다르게 생겼답니다. 우리 몸에 항원이 들어왔을 때 림프세포는 '항체'라는 작은 물질을 만들어요. 항체는 항원에 꼭 들어맞는 모양이기 때문에 어떤 항원에 대해 항체를 만들어 놓으면 다음에 그 항원이 들어왔을 때 빨리 감지해서 어떤 병원체인지 알아낼 수 있지요. 항원과 항체 사이에는 독특한 결합반응이 나타나는데, 이것을 '항원항체반응'이라고 해요. 우리 몸의 면역반응은 대표적인 항원항체반응이라고 할 수 있어요. ABO식 혈액형 판별법과 알레르기 현상도 항원항체반응의 일종이랍니다.

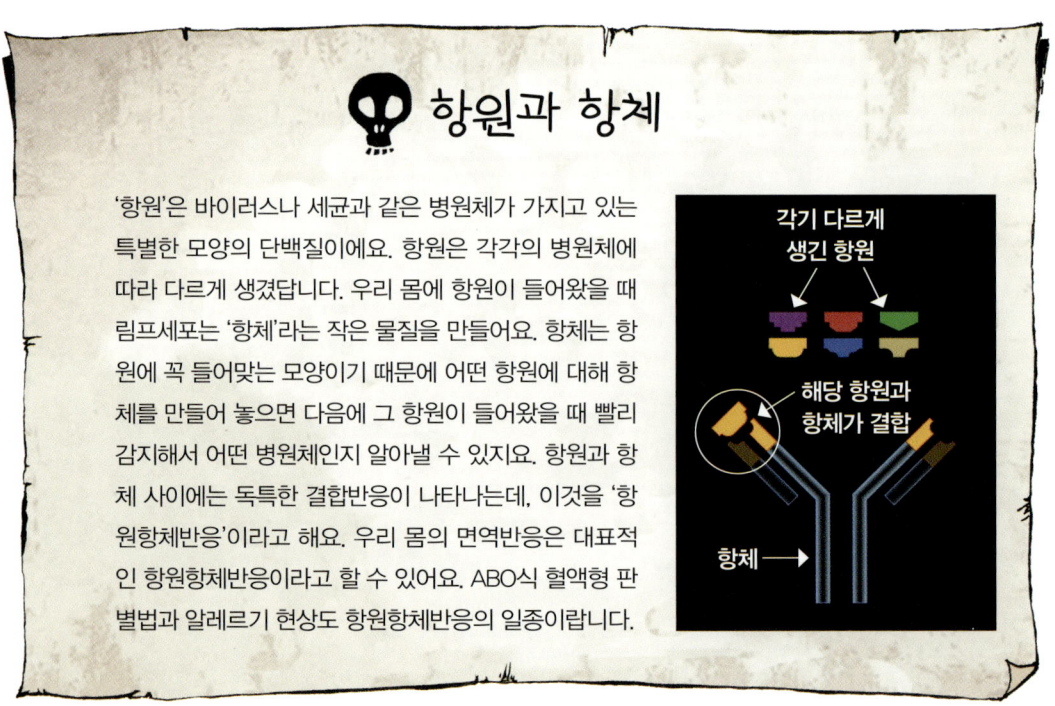

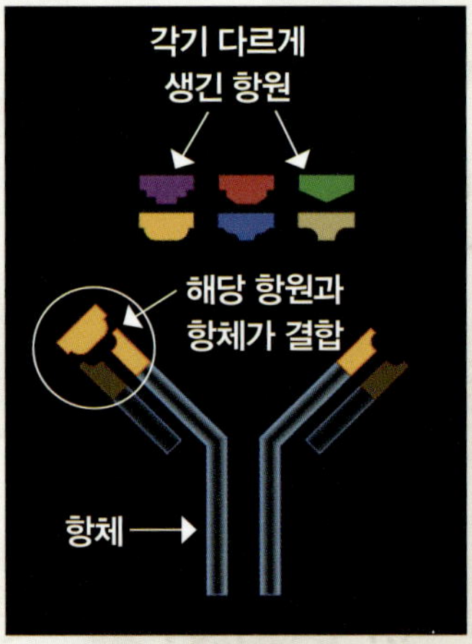

있게 도와줘요. 그리고 B세포는 병원체에게 특정한 꼬리표를 달아서 면역세포들이 알아보기 쉽게 한답니다. 또한 한번 들어왔던 병원체를 기억하고 있다가 그 병원체가 다시 침입했을 때 알려 주는 임무도 B세포가 맡아요.

이러한 면역세포들의 기능이 활발한 사람은 면역력이 좋아서 병원체를 효과적으로 물리칠 수 있어요. 따라서 평소 면역력을 높이는 생활 습관을 갖는 것이 중요하지요. 의사들은 음식을 골고루 먹고, 운동을 꾸준히 하고, 매일 적절한 양의 햇빛을 받으며, 스트레스를 긍정적으로 해소하라고 권한답니다.

예방주사로 병원체를 미리 경험해요

호기심이 번쩍!

영어로는 예방주사를 백신(vaccine)이라고 하는데, 프랑스의 과학자 루이 파스퇴르가 처음 사용한 용어랍니다. 원래 이 단어는 '소'를 뜻하는 라틴어 '바카(vacca)'에서 따온 거지요. 예방접종이 소의 우두에서 출발했기 때문에 그와 관련된 단어로 이름 붙인 거예요.

제너 선생,
고마워요!
Edward Jenner
(1749~1823)

우리가 어떤 병을 앓고 난 후에 생기는 면역력을 자연면역이라고 해요. 그리고 예방주사를 통해 얻는 면역력은 인공면역이라고 하지요. 어떤 병원체는 한 번 주사를 맞으면 면역이 평생 동안 유지되기도 하지만, 또 어떤 병원체는 여러 번 주사를 맞아서 그 힘을 더 키워 주어야 하기도 해요. 예를 들어, 홍역 예방주사는 생후 12개월에 처음 맞고 4~6세 때 2차 접종이 꼭 필요해요. 그런가 하면 일본뇌염은 매년 예방주사를 맞아야 하지요.

1796년 5월 14일, 영국의 에드워드 제너라는 의사가 최초의 예방접종을 시도했어요. 당시 영국에서는 두창(몹시 열이 나고 온몸에 발진이 생기는 감염병으로, 천연두라고도 함)이 퍼지고 있었어요. 제너는 매일 소젖을 짜는 목장 일꾼들은 두창에 걸리지 않는다는 얘기를 들었어요. 소에도 두창과 비슷한 우두라는 병이 있는데, 사람이 우두에 옮으면 두창보다 훨씬 약하게 앓고 지나가지요. 그리고 한 번 우두에

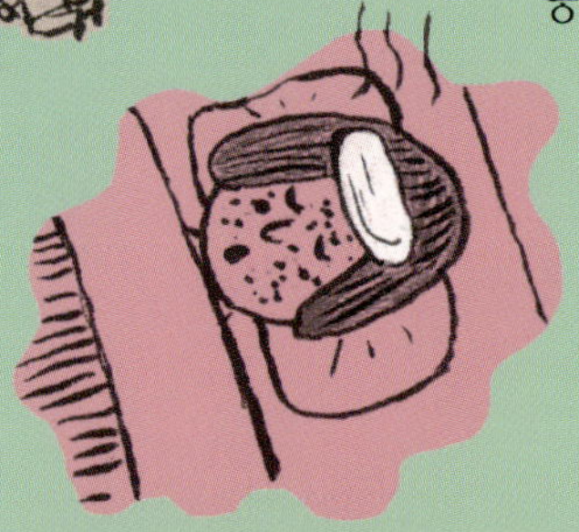

걸렸던 사람은 두창에 걸리지 않았어요.

여기서 아이디어를 얻은 제너는 우두에 걸린 사람에게서 고름을 얻어 자신의 집에서 일하던 가정부의 아들에게 접종했어요. 소년은 가벼운 우두를 앓았지만 금방 회복했지요. 그리고 6주 뒤, 제너는 두창 환자에게서 얻은 고름을 소년에게 접종했어요. 하지만 소년은 두창에 걸리지 않았답니다. 소년의 몸에서 이미 우두 바이러스 항원에 대한 훈련을 하여 면역력이 생겼기 때문에 진짜 두창 바이러스가 공격했을 때 면역세포들이 재빨리 막아 낼 수 있었던 거예요. 최초의 예방주사인 종두법은 여러 나라로 빠르게 퍼져 많은 생명을 구할 수 있었어요.

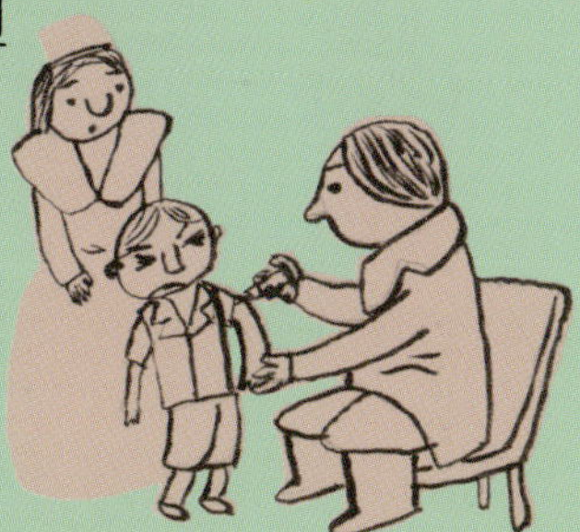

이후 과학자들은 병원체인 세균을 끓이거나 약품으로 약하게 만들어서 예방주사로 사용해 오고 있어요.

최초의 예방주사 종두법

어렸을 때 꼭 맞아야 하는 예방주사가 있어요

아기가 엄마 배 속에 있을 때는 엄마의 면역력이 아기를 지켜 줍니다. 하지만 세상에 태어난 후에는 스스로 병원체를 방어하는 힘을 키워야 해요. 아기들은 아직 바이러스나 세균을 만나 본 적이 없기 때문에 면역력이 충분히 강해지려면 시간이 걸려요. 그런데 그사이에 강력한 병원체를 만나게 되면 아기가 위험해질 수 있어요. 그래서 예방주사를 놓아 인공 면역을 키워 주는 거랍니다.

아기는 태어나자마자 B형 간염 예방주사를 맞아요. 가족들과의 접촉을 통해 아기에게 옮을 수 있기 때문에 태어나자마자 병원에서 바로 주사를 놓아 주지요. B형 간염은 한 번에 면역력이 생기는 게 아니라서 만 두 살이 되기 전에 두 차례 더 예방주사를 맞아야 해요.

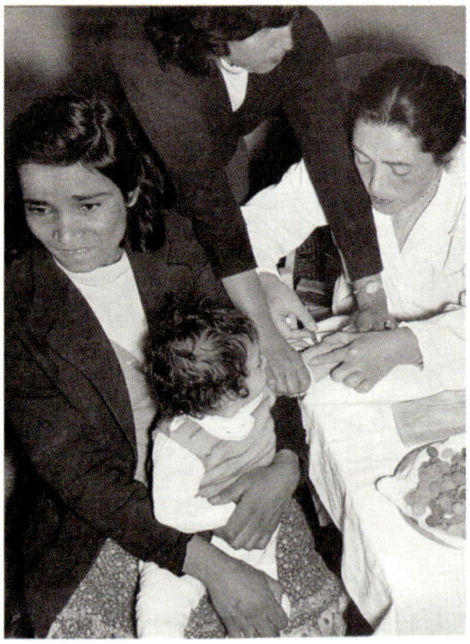

예방접종은 1950년대에 대중화되었다.

그다음으로 맞는 예방주사는 결핵 예방주사입니다. 보통 태어난 지 한 달이 되기 전에 맞아요. 결핵에 걸리면 아기들은 기침을 심하

게 하고 숨 쉬기가 힘들어져요. 특히 만 한 살이 안 된 아기들에게 결핵은 매우 위험한 질병이지요.

초등학교에 들어가기 전까지 많은 예방주사가 기다리고 있어요. 디프테리아, 파상풍, 백일해 주사는 모두 세 번에 나누어 맞고, 홍역, 유행성 이하선염, 풍진 예방주사는 각각 두 번씩 맞아요. 또 매해 겨울에는 독감 예방주사도 맞지요.

예방주사를 맞는 데는 1분도 채 안 걸리지만 병에 걸리면 회복되기까지 얼마나 걸릴지 알 수 없어요. 따끔한 주사지만 꾹 참고 용감하게 맞도록 해요!

예방주사는 병을 100% 예방할까요?

예방주사가 모든 병을 예방해 준다면 우리는 모두 슈퍼맨이 되어 있을 거예요. 하지만 예방주사가 아직 개발되지 않은 질병도 많이 있고, 예방접종을 했다고 해서 그 질병을 완전히 예방할 수 있는 것은 아니랍니다. 사람마다 체질과 환경 등이 다 다르기 때문에 백신의 효과가 달라질 수 있거든요.

예방주사를 맞았더라도 항상 위생을 철저히 하여 병원체가 침입하지 않도록 해야 해요. 또 드물게는 예방주사를 맞고 나서 호흡 곤란이나 두드러기 같은 부작용이 일어날 수도 있어요. 이러한 증상이 나타날 때에는 곧바로 의사를 찾아가야 합니다.

무균박사 특강 1

어린이에게 위험한 감염병

나로 말할 것 같으면 미생물학계의 권위자 무균박사.

나의 종족은 페스트균의 숙주로 이름을 날린 쥐라는 설치류지만 ‘쥐는 더럽다’는 인간의 공식을 깨기 위해 우리 가문은 오랫동안 지속적인 노력을 해 왔지.

월트 디즈니라는 젊은이와 친해져서 그가 미키마우스라는 캐릭터를 만들게 한 것은 아주 효과적이었어. 사람들이 우리에게 전에 없는 친근감을 갖게 되었으니까.

애니메이션 〈라따뚜이〉 알지? 거기에 등장한 천재 요리사 생쥐의 모델이 사실 내 사촌이야. 그러니까 우리 가문은 ‘세상에서 가장 깨끗한 생쥐’임을 자부해 온 별종들인 셈이지. 우리 가문 소개는 이쯤 해 두지.

자, 다들 내가 등장한 이유가 궁금할 거야. 나는 그동안 연구해 온 미생물과 병원체에 관한 지식을 바탕으로, 알면 살이 되고 피가 되는 이야기를 들려주려고 해. 병에 걸리지 않고 건강하게 사는 것은 모두가 바라는 중요한 일이잖아?

이번 시간에는 어린이들이 특히 조심해야 하는 대표적인 질병들에 대해 알려 줄게. 파상풍을 제외하고는 전부 남에게 옮길 수 있는 감염병들이야.

홍역
옮아 -
빨간점 그린 거야?
수두
약 바른 거야 -
하얀 건 뭐야?
유행성 이하선염
(볼거리)
볼 거리라도 생겼어?
디프테리아
말 시키지 마. 힘들어.
안녕!
백일해
우- 에- 억! 켁!
피해!
토 할지도 몰라.
파상풍
상처를 통해 감염 된다고~.

2장 질병의 원인을 밝힌 과학의 힘

옛날 사람들은 질병의 원인이 뭐라고 생각했나요?

미생물인 병원체는 너무 작아서 맨눈으로는 볼 수 없어요. 그렇기 때문에 현미경도 없고 미생물학자도 없었던 옛날에는 병원체라는 것이 존재한다는 걸 아예 몰랐어요. 고대에는 질병이 귀신의 장난 또는 신의 형벌이라 믿고 제사를 지내거나 귀신을 쫓아내는 의식을 행하곤 했답니다. 또 어리석게도 외부에서 온 사람이나 물건 때문에 부정이 타서 돌림병이 돈다고 의심하기도 했어요.

그러던 중 고대 그리스에서는 자연 현상과 질병을 과학적으로 풀어 보려는 노력을 처음 시작했어요. 지금으로부터 약 2500년 전, 그리스의 의사인 히포크라테스는 '미아즈마'라는 나쁜 공기가 병을 옮긴다고 생각했어요. 그래서 환경을 깨끗이 하고 공기를 잘 통하게 하면 병에 걸리지 않는다고 주장했지요. 그 주장은 어느 정도 사실이에요. 깨끗한 환경에서는 건강을 유지하기 쉬우니까요. 그래서 사람들은 아주 오랫동안 히포크라테스의 주장을 믿었어요. 하지만 미아즈마 이론은 과학적인 근거를 갖추고 있지 못했지요.

질병은 단순히 나쁜 공기 탓이 아니라고 생각한 사람이 있었어요. 그는 로마에서 가장 현명한 사람이라고 불리던 학자 바로였지요. 바로는 '눈에 보이지 않는 작은 생명체가 바람을 타고 감염병을 옮긴다'고 생각했어요. 이것이 병원체에 대한 가장 오래된 과학적인 설명이랍니다.

그 후로 1500년이 지나서 바로의 생각을 이어받은 사람이 바로 이탈리아 베로나의 의사였던 프라카스토로입니다. 그는 열아홉의 나이에 당시 유럽의 명문 파두아 대학 교수가 된 천재 의학자랍니다. 당시 유럽은 많은 감염병에 시달리고 있었어요. 프라카스토로는 감염병을 일으키는 작은 입자인 '씨앗'이 있다고 생각했어요. 이 씨앗이 다른 사람에게 직접적으로 닿아서 옮겨 가거나, 옷이나 물건에 묻어서 옮겨 가면 병을 일으킨다는 거지요. 프라카스토로의 이런 생각은 그로부터 약 300년 뒤 파스퇴르와 코흐 같은 과학자들이 병원체인 세균을 발견하는 데 중요한 가르침이 되었답니다.

현미경의 발달로 밝혀진 미생물의 세계

호기심이 번쩍!

왕립학회란 1660년 영국에서 설립된 자연과학학회입니다. 로버트 훅은 왕립학회 설립 당시 실험관리직으로 일하다가 3년 만에 특별회원으로 선출되었어요. 국왕 찰스 2세도 왕립학회의 회원이었으며, 왕립학회는 현재까지도 영국 과학의 중심기관 역할을 하고 있답니다.

지금으로부터 약 400년 전 유럽에서는 많은 사람들이 성능 좋은 렌즈를 만드는 데 열중해 있었어요. 저 멀리 빛나는 별을 관찰하기도 하고 아주 작은 물체를 크게 보고 싶었기 때문이지요.

영국 왕 찰스 2세도 과학자들에게 성능 좋은 현미경을 만들라는 지시를 내렸어요. 이 일을 맡게 된 인물은 영국 왕립학회에 갓 가입한 로버트 훅이라는 26세의 젊은 과학자였어요.

훅은 기구와 장치를 만드는 재주가 탁월했어요. 자신이 만든 현미경의 성능을 실험하던 훅은 코르크(참나무 겉껍질 안쪽의 두껍고 탄력 있는 조직)를 잘라서 현미경 위에 올려놓고 관찰했지요. 관찰 결과, 코르크는 아주 작은 여러 개의 구멍으로 나뉘어 있었어요. 사실 그가 처음 본 것은 죽은 식물의 두꺼운 세포벽(식물세포에만 있는 독특한 구조물로서, 세포 가장 바깥에서 세포의 모양을 만들고 세포를 보호함)이었어요. 훅은 자신이 관찰한 것에 '셀(cell, 세포)'이라는 이름을 붙였어요. 셀은 라틴어로 '작은 방'을 뜻하는 단어이지요. 이것이 바로 세포에 대한 최초의 관찰이라고 할 수 있어요.

훅은 자신이 개발한 현미경으로 본 작은 세상을 《마이크로그라피아》라는 책으로 출간했어요. 이 책은 쉽고 재미있어서 엄청난 베스트셀러가 되었지요.

그로부터 200년 후 프랑스의 의학자인 까지미르 다벤느는 건강한 동물의 혈액과 질병에 걸린 동물의 혈액을 번갈아 관찰하고 있었어요. 그런데 병에 걸린 동물의 혈액에서만 실 모양의 작은 입자가 보였어요. 그는 혹시 이 작은 입자가 감염병을 일으키는 원인이 아닐까 하는 의심을 품었어요. 의학에서는 어떤 질병의 원인균이 무엇인지 밝혀낼 수 있다는 것은 아주 의미 있는 일이에요. 그 원인균을 제거하거나 약화시킬 때, 질병을 치료할 수 있고 질병의 전파를 막을 수도 있기 때문이지요.

다벤느의 생각을 이어받은 사람은 프랑스의 루이 파스퇴르와 독일의 로베르트 코흐였어요. 이 두 위대한 과학자는 콜레라에는 콜레라균이, 탄저병에는 탄저균이 각각 그 원인체가 된다는 것을 처음으로 증명해 냈어요. 감염병 예방과 치료에 있어 매우 중요한 발견이었지요. 각각 프랑스와 독일을 대표하던 과학자로서 라이벌 관계에 있던 두 사람은 서로 앞다투어 새로운 발견을 해냈답니다.

로버트 훅의 현미경

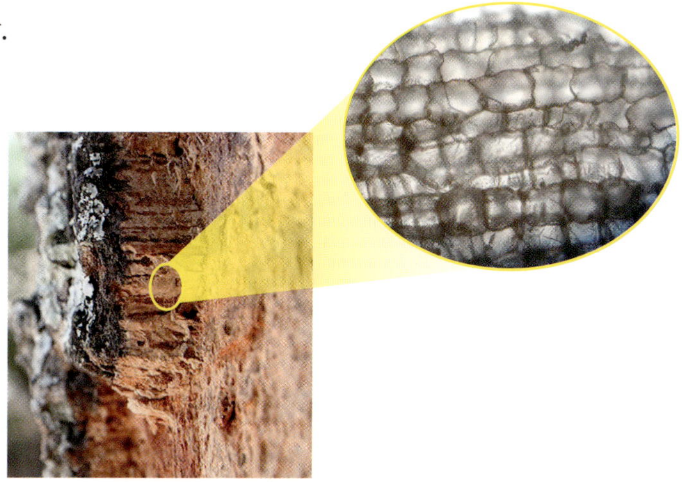

참나무 껍질

생물이 저절로 생겨날 수 있나요?

어느 날 갑자기 벽에 곰팡이가 피어 있거나, 멀쩡하던 음식에 어느 순간 구더기가 꿈틀대고 있는 걸 본 적이 있나요? 이것들은 어떻게 생겨난 걸까요? 미생물의 존재를 몰랐던 옛날에는 이것이 생물학에서 아주 중요한 의문이었어요.

고대 그리스의 철학자 아리스토텔레스는 생물학, 물리학, 윤리학 등에도 학식이 깊었던 위대한 사상가입니다. 하지만 그런 아리스토텔레스마저도 생물은 아무것도 없는 자연 상태에서 저절로 생겨날 수 있다고 믿었어요. 자연을 관찰하다 보면 씨앗을 심지 않았는데 식물이 자라나기도 하고, 진흙이나 죽은 나무에서 벌레가 생겨나는 것처럼 보였거든요. 이러한 이론을 '자연발생설'이라고 불러요.

과학이 발달하면서 사람들은 자연발생설을 조금씩 의심하기 시작했어요. 1668년 이탈리아의 의사 프란체스코 레디는 이 의문을 해소하기 위해 한 가지 실험을 했어요. 두 개의 유리병에 고기 조각을 넣은 다음, 하나는 뚜껑을 열어 두고, 다른 하나는 양피지로 막아 두었어요. 며칠이 지나자 뚜껑을 열어 놓은 쪽에만 구더기가 생겼고, 막아 둔 쪽은 고기가 상하긴 했지만 구더기는 없었지요.

구더기는 썩은 고기에서 저절로 생기는 게 아니라, 파리가 낳은 알에서 생긴다는 결론을 얻은 레디는 자연발생설을 반박하고 나섰어요.

뚜껑을 열어 놓자
구더기가 생김
양피지가 파리를 막아
구더기가 생기지 않음

〈레디의 자연발생설 실험〉

프란체스코 레디의 초상

자연발생설을 둘러싼 2차전, 니덤 VS 스팔란차니

1745년 영국의 존 니덤 신부는 생물이 자연 상태에서 저절로 생긴다는 주장을 실험으로 다시 증명하려고 했어요. 그는 닭고기 수프를 끓여서 병에 넣고 코르크로 막아 두었어요. 시간이 흐르자 병 안에서 미생물이 생겨났지요.

"보시다시피 닭고기 수프에서 미생물이 저절로 생겨났소. 자연발생설이 옳다는 게 증명되었소!"

그런데 이탈리아의 박물학자 스팔란차니는 니덤 신부의 실험에 문제가 있다고 생각했어요. 끓인 닭고기 수프를 병으로 옮기는 순간에도 미생물이 들어갈 수 있으니까요. 스팔란차니는 실험 과정을 약간 바꿨어요. 닭고기 수프를 플라스크에 넣고 입구를 불로 녹여 완전히 막은 다음, 충분히 가열해서 플라스크 안의 미생물을 모두 없앤 거예요. 그랬더니 시간이 지나도 닭고기 수프에는 미생물이 생기지 않았어요.

하지만 스팔란차니의 실험에도 불구하고 자연발생설에 대한 사람들의 오랜 믿음은 쉽게 바뀌지 않았답니다.

생물이 어떻게 생겨날 수 있는지 증명한 파스퇴르

프랑스의 세균학자인 파스퇴르는 자연발생설이 옳지 않다는 것을 보다 정교한 실험을 통해서 증명해 보이려 했어요. 1862년 파스퇴르는 그 유명한 '백조목 플라스크 실험'을 하게 되지요.

파스퇴르는 플라스크에 고기 수프를 넣고, 플라스크의 목 부분을 가열하여 길게 잡아 늘여 구부렸어요. S자로 구부러진 백조의 목처럼 말이지요. 그런 다음 플라스크 안의 고기 수프를 끓여 살균했어요. 그랬더니 일주일이 지나고 이주일이 지나도 고기 수프에는 미생물이 번식하지 않았답니다.

플라스크의 구부러진 목 부분에는 수프를 끓일 때 나온 수증기가 맺혀 물이 고이게 돼요. 이 물방울은 외부의 공기와 수프 사이에 벽처럼 작용해서 미생물이 수프로 들어가는 걸 막아 줘요. 미생물들이 구부러진 축축한 벽에 잡혀 있는 셈이지요. 파스퇴르는 플라스크를 기울여서 수프가 구부러진 목까지 출렁이게 했어요. 그러자 물방울 안에 갇혀 있던 미생물들이 고기 수프와 만나 마구 번식했지요. 얼마 지나지 않아 수프는 뿌옇게 오염되었답니다.

이 실험을 통해서 파스퇴르는 모든 생물은 저절로 생기는 것이 아니라, 반드시 그 어버이 생물로부터 발생한다는 것을 증명했어요. 파스퇴르가 증명한 이 이론을 바로 '생물속생설'이라고 해요.

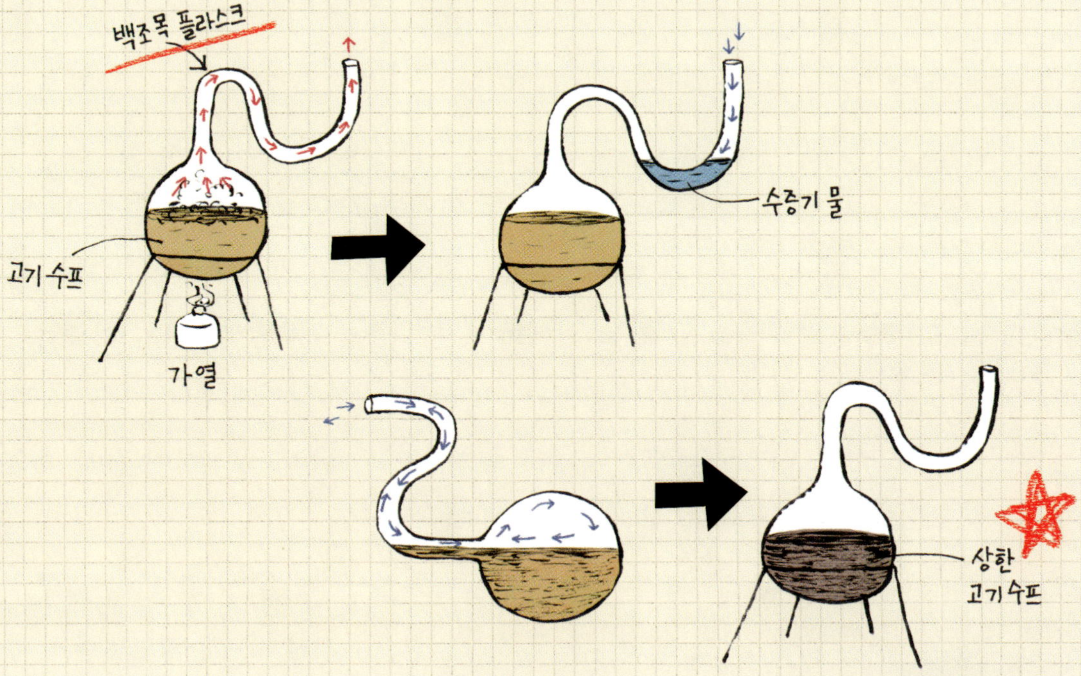

〈백조목 플라스크 실험〉

루이 파스퇴르

화학을 공부했던 파스퇴르가 처음 연구했던 것은 포도주의 부패를 막는 방법이었어요. 포도주 제조는 프랑스 산업의 중요한 부분을 차지하는데, 포도주가 상하는 일이 반복되는 바람에 심각한 피해를 입고 있었거든요. 연구에 매달린 끝에 파스퇴르는 포도주를 상하게 하는 미생물을 찾아냈어요. 그리고 발효가 끝난 포도주를 낮은 온도에서 잠깐 가열하면 그 미생물을 없앨 수 있다는 것도 알아냈답니다. 이 방법이 현재까지도 사용되고 있는 '저온살균법'이지요.

1865년 파스퇴르는 딸을 장티푸스로 잃고 자신도 건강이 많이 나빠졌어요. 이 시기에 파스퇴르는 감염병을 일으키는 미생물에 관심을 가지기 시작했어요.

1880년 프랑스에는 닭콜레라가 창궐했어요. 파스퇴르는 닭콜레라의 원인균을 찾아내기 위한 연구를 시작했지요. 병에 걸린 닭에서 피를 뽑아 수프에 떨어뜨리자 그 안에서 세균이 엄청나게 번식했어요. 파스퇴르는 세균을 분리하여 배양한 다음, 다시 건강한 닭에게 주사했지요. 그러자 일부 닭들이 닭콜레라 증세를 보이기 시작했어요. 그렇게 해서 파스퇴르는 닭콜레라균을 찾아내는 데 성공했어요.

치료법을 개발하기 위해 파스퇴르는 조수에게 닭콜레라균을 대량으로 배양하도록 지시했어요. 그런데 조수가 휴가를 떠나면서 깜박하고 배

파스퇴르의 저온살균법

높은 열을 가해 살균을 하면 식품의 맛이 변하거나 영양소까지 파괴할 수 있어요. 그래서 식품 살균의 경우, 온도와 시간이 매우 중요하지요. 파스퇴르는 포도주나 맥주, 우유 같이 미생물 발효가 중요한 식품을 63도 정도의 낮은 온도에서 30분간 가열하는 '저온살균법'을 개발했어요. 저온살균법은 식품의 맛과 영양소는 지키면서 세균을 없앨 수 있는 아주 효율적인 방법이었어요. 저온살균법은 '파스퇴르법(pasteurization)'이라고도 불리며, 지금까지 널리 이용되고 있어요.

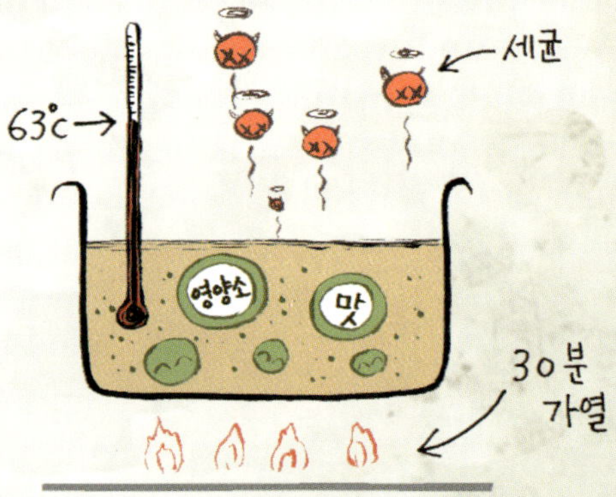

양균을 그냥 놓아둔 거예요. 연구실로 돌아와 보니 영양분이 떨어진 배양액에서 자란 세균들은 약해져 있었어요. 그런데 약해진 배양균을 닭에게 접종했더니 닭이 병에 걸리지 않았답니다.

"이제 실마리를 찾은 것 같군."

파스퇴르는 강한 닭콜레라균을 구해 약해진 균을 접종했던 닭과 일반 닭에게 주사했어요. 그러자 일반 닭은 닭콜레라에 걸렸고, 약해진 균을 접종했던 닭은 조금 앓다가 금방 나아서 활발하게 돌아다녔어요.

"약해진 세균으로 병을 가볍게 앓고 나면 그 병에 대한 면역력이 생기는구나!"

파스퇴르는 약하게 만든 세균을 '백신(vaccine)'이라 이름 붙이고, 닭콜레라 백신을 개발하여 축산 농민들의 시름을 덜어 주었어요.

1895년 73세로 세상을 떠날 때까지 파스퇴르는 병원균을 찾아내고 예방 백신을 만드는 데 힘을 쏟았어요. 탄저병 백신, 광견병 백신 등의 개발로 감염병을 예방하고 치료하는 데 있어 큰 업적을 남겼지요. 파스퇴르의 장례식은 프랑스 정부가 주도하는 국장으로 치러졌고, 파리의 거리는 온통 그의 죽음을 애도하는 이들로 넘쳐났어요. 수많은 생명을 구한 과학자 파스퇴르는 지금까지 프랑스 국민의 영웅으로 사랑받고 있답니다.

호기심이 번쩍!

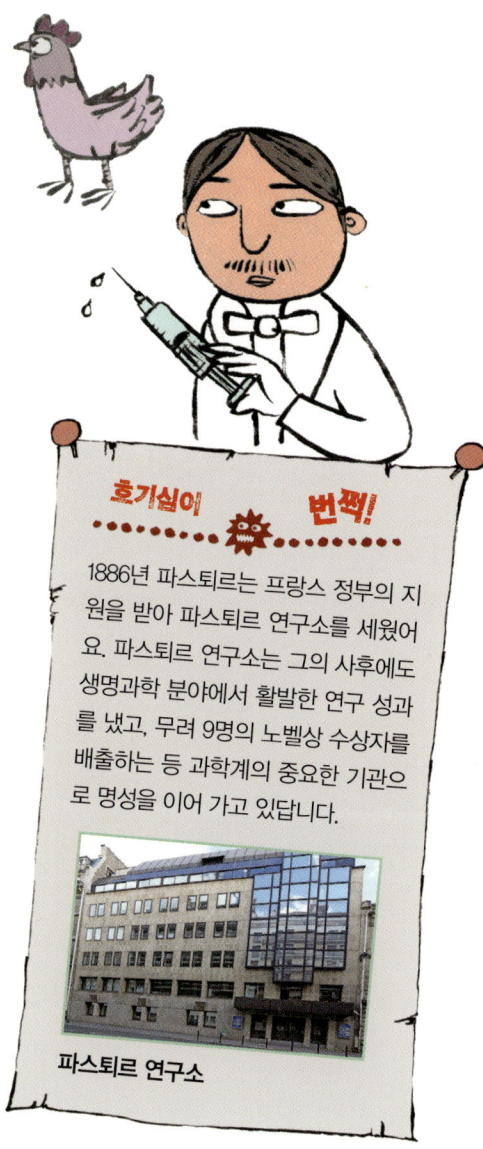

1886년 파스퇴르는 프랑스 정부의 지원을 받아 파스퇴르 연구소를 세웠어요. 파스퇴르 연구소는 그의 사후에도 생명과학 분야에서 활발한 연구 성과를 냈고, 무려 9명의 노벨상 수상자를 배출하는 등 과학계의 중요한 기관으로 명성을 이어 가고 있답니다.

파스퇴르 연구소

세균학의 아버지 코흐

로베르트 코흐

파스퇴르가 젊은 과학자로 명성을 얻기 시작하던 당시, 독일의 한 산골 마을에서 그의 강력한 라이벌이 태어났어요. 바로 의사이자 미생물학자인 로베르트 코흐랍니다. 다섯 살 때 신문을 보고 글을 깨칠 만큼 똑똑했던 아이는 후에 괴팅엔 대학에서 의학을 공부하게 되었어요. 코흐는 대학을 졸업하고 베를린, 함부르크 등지에서 경력을 쌓고 전쟁터에서 군의관으로 일하기도 했어요.

코흐의 어린 시절 꿈은 세계를 여행하는 자연과학자였어요. 하지만 결혼과 함께 아내의 바람대로 조용한 시골 마을에서 의사 생활을 시작했지요. 의사로 일하는 것은 보람 있었지만 코흐는 무료함을 떨칠 수가 없었어요. 그러던 차에 아내에게 선물받은 현미경은 그를 먼 나라 여행보다 흥미진진한 세계로 안내해 주었지요. 코흐는 그렇게 미생물 연구에 빠져들었어요.

1876년 코흐는 가장 먼저 탄저균의 실체를 밝혀냈어요. 농촌 지역에서 크게 유행했던 탄저병은 가축뿐만 아니라 사람도 위협하는 무서운 병이어서 농민들의 골칫거리였지요. 탄저균의 특이한 점은 포자를 만든다는 거예요. 포자는 탄저균이 사람이나 동물에 바로 옮겨 갈 수 없을 때 균을 보호하는 껍데기랍니다. 포자 상태로 변한 탄저균은 건조한 흙 속에서뿐

만 아니라 매우 덥거나 추운 극한 환경에서도 오랫동안 살아남을 수 있어요. 그래서 사라진 듯 보였던 탄저병이 다시 출현하는 일이 반복되는 거였지요.

무엇보다도 탄저균은 다른 균에 비해 크기가 큰 편이기 때문에 가장 먼저 코흐의 눈에 띈 병원체랍니다. 코흐는 탄저병에 걸린 동물에서 병원체를 따로 분리해서 건강한 실험동물에 주사했어요. 그러자 실험동물이 곧 같은 병에 걸렸기 때문에 탄저병 병원체를 확인할 수 있었어요. 이 방법은 '코흐의 4원칙'이라 불리며, 세균학 연구의 기본 바탕이 되었지요.

코흐의 4원칙이란?

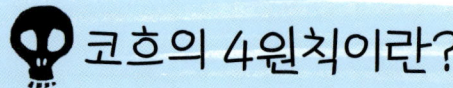

코흐는 탄저병 연구를 세상에 발표하면서 세균학 연구의 기본이 되는 다음 네 가지 원칙을 내놓았어요.

첫째, 병원균은 해당 질병을 앓고 있는 환자나 동물에게서 발견되어야 한다.
둘째, 그 병원균을 순수배양으로 분리해야 한다.
셋째, 배양한 병원균을 실험동물에 접종했을 때 같은 질병을 일으켜야 한다.
넷째, 감염된 실험동물에서 다시 같은 병원균을 분리할 수 있어야 한다.

코흐는 탄저균이 포자를 만들어 끈질기게 살아남는다는 것을 알고, 탄저병으로 죽은 동물은 태우거나 땅속 깊이 묻어야 한다고 말했어요. 코흐의 연구 덕분에 농가에 창궐하던 탄저병은 서서히 잠잠해졌지요.

세균학 분야에서 중요한 연구자로 명성을 얻은 코흐는 1880년 베를린 국립전염병연구소의 소장에 임명되었어요. 그는 1882년에는 결핵균을, 1884년에는 콜레라균을 발견하면서 '세균학의 아버지'라고 불리게 되었지요. 그가 몸담았던 베를린 국립전염병연구소는 프랑스의 파스퇴르 연구소와 함께 세계적으로 가장 유명한 미생물 연구소가 되었어요. 1905년 코흐는 결핵균을 발견한 공로로 노벨 생리의학상을 받았답니다.

코흐는 질병마다 그 질병을 일으키는 미생물이 존재한다는 것을 알고, 그 특정 미생물을 배양하는 좋은 방법을 찾고자 했어요. 이전에는 배양액을 사용했는데, 배양액 안에서는 여러 미생물이 섞여서 한 가지 미생물을 분리하기가 어려웠거든요.

코흐는 삶은 감자를 이용해 보기로 했어요. 삶은 감자를 살균한 칼로

페트리 접시에 담긴 한천 배지

얇게 썰어서 미생물을 주입하고 공기와 접촉하지 않도록 두었더니 동일한 미생물이 증식되었어요. 하지만 삶은 감자에서 배양할 수 있는 미생물의 종류는 그리 많지 않았지요.

코흐가 고민하고 있을 때, 코흐의 실험실에서 함께 일하던 헤시 부부가 한천(해조류인 우뭇가사리)을 끓여서 식힌 젤리 형태의 배지를 만들었어요. 말랑말랑한 한천 배지는 세균을 배양하기에 딱이었어요.

그리고 코흐의 조수였던 페트리는 한천 배지를 담을 수 있는 둥글고 납작한 접시 모양의 실험 용기를 만들었어요. 이 용기는 그의 이름을 따서 '페트리 접시'라고 불리지요. 코흐의 실험실에서 탄생한 한천 배지와 페트리 접시는 지금도 어느 미생물 실험실에서나 쓰이고 있는 유용한 실험 도구랍니다.

세균과 바이러스는 얼마나 작은가요?

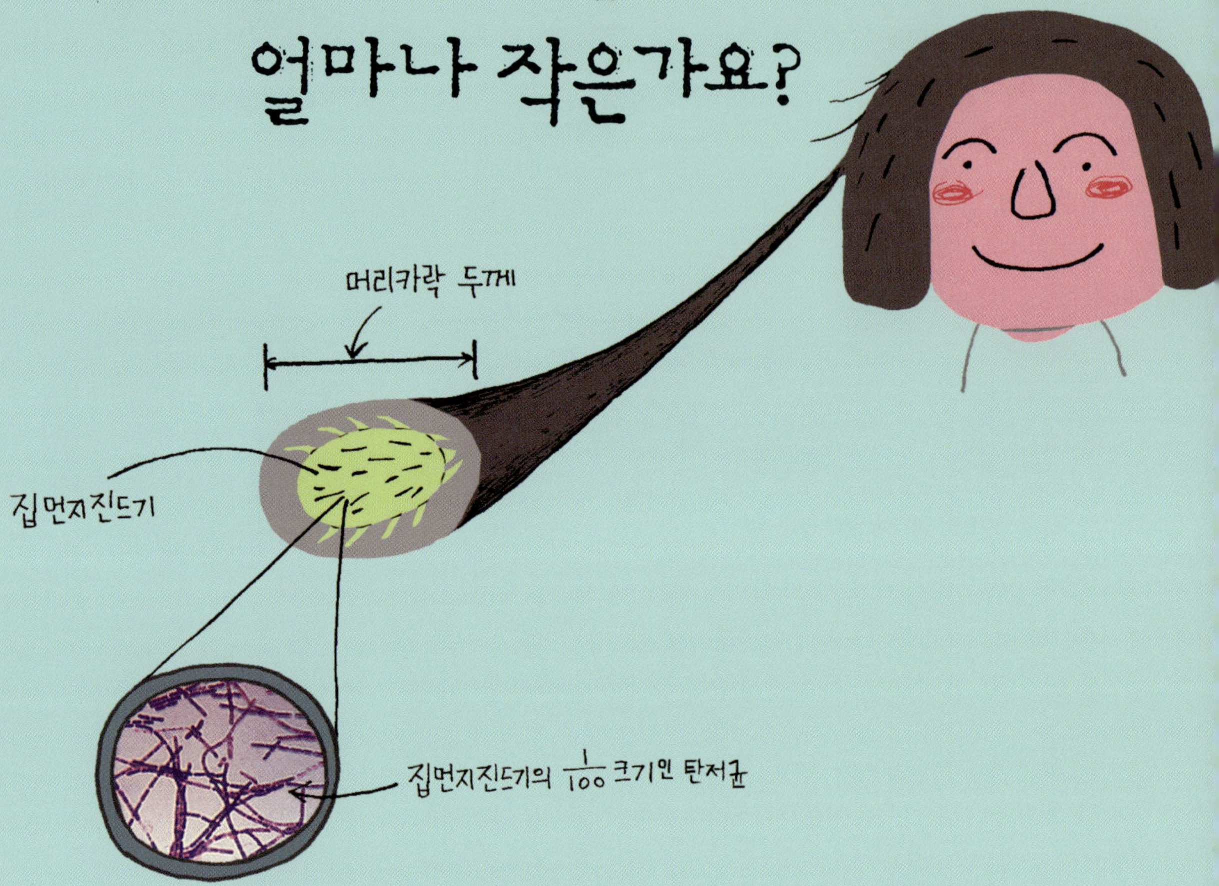

미생물은 너무 작아서 맨눈으로는 볼 수 없어요. 그래서 현미경이 발명되기 전에는 미생물의 존재를 확인할 수 없었지요. 그렇다면 미생물은 얼마나 작을까요?

침대 매트리스나 이불에 살면서 우리 몸에서 떨어진 각질을 먹고 사는 집먼지진드기가 있어요. 집먼지진드기는 머리카락 두께 정도의 크기이기 때문에 우리 눈에 잘 보이지 않지요. 그런데 세균 중에서 크기가 큰 편인 탄저균도 집먼지진드기의 100분의 1 크기밖에 안 돼요. 1000배 이상 확대할 수 있는 현미경으로 보아야만 그 모양을 정확히 확인할 수 있어요. 만약 탄저균 하나를 어린이 키만큼 확대하고 같은 비율로 머리카락을 확대한다면 그 두께는 지리산 높이에 해당한답니다.

그렇다면 바이러스는 얼마나 작을까요? 바이러스는 일반 광학현미경으로는 볼 수 없어요. 그 크기가 세균의 100분의 1 내지 1000분의 1 정도로 아주 작기 때문이지요. 그래서 바이러스의 크기는 나노미터(nm)로 표시해요. 1nm는 1mm의 100만분의 1이니까 정말 작죠? 독감 바이러스의 크기는 약 100nm랍니다.

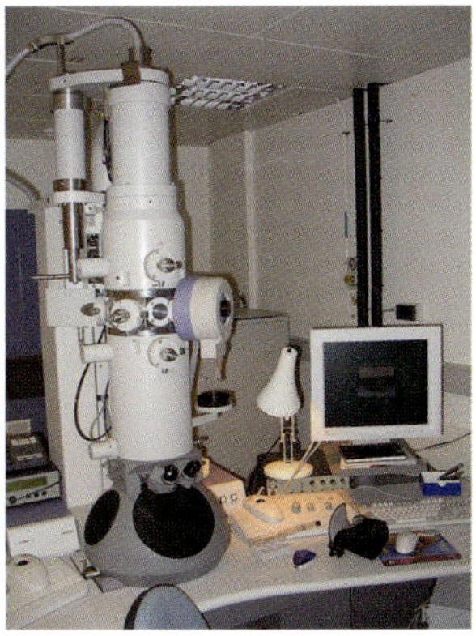
전자현미경

미생물의 학명

누군가 알려지지 않은 세균을 처음 발견하면 세균에 자신이 직접 이름을 붙일 수 있어요. 하지만 아무렇게나 이름을 붙이면 다른 과학자들에게 혼란을 줄 수 있어요. 그래서 이름만 들어도 그 특징을 알 수 있도록 주로 모양이나 특성을 잘 나타내는 이름을 붙인답니다. 이렇게 특징에 맞는 이름을 붙여 두면 비슷한 세균들끼리 한 가족으로 분류할 수 있고, 그 세균을 연구하기도 훨씬 쉬워져요.

과학자들이 지어 주는 이름을 '학명'이라고 해요. 예를 들어, 콜레라를 일으키는 콜레라균의 이름은 비브리오 콜레레(Vibrio cholerae)라고 해요. 비브리오는 균의 모양이 막대기 같아서 붙은 이름이지요. 따라서 '콜레라를 일으키는 막대기 균'이라는 뜻이에요. 그럼 에슈에리치아 콜리(Echerichia coli)라는 학명의 균은 무엇일까요? 에슈에리치아는 '곧은 막대기'이고 콜리는 '대장'이란 뜻이므로, 곧은 막대기 모양을 한 대장균을 말하지요.

발 없는 병원체가 천리 가요

호기심이 번쩍!

모기가 옮기는 감염병에는 뎅기열도 있어요. 뎅기열에 걸리면 관절에 큰 통증을 느끼기 때문에 '뼈를 부수는 열병'이라고도 해요. 수면병은 체체파리에 물렸을 때 기생충에 감염되어 생기는 질병이에요. 수면병에 걸리면 자꾸 졸음이 오다가 결국 혼수상태가 되어 사망에 이르지요.

병원체가 한 사람에서 다른 사람으로 옮겨 가는 것을 병원체의 '전염'이라고 합니다. 물론 병원체는 환경에서 사람에게로 옮겨 갈 수도 있어요. 발도 없고 날개도 없는 병원체가 어떻게 이곳저곳 옮겨 갈 수 있을까요?

여름철에 유행하는 콜레라와 장티푸스는 물을 통해서 전파되는 감염병이에요. 그래서 수인성 감염병이라고 부르지요. 지금은 각 가정마다 소독을 거친 수돗물이 공급되고 있기 때문에 병원체에 오염된 물로 인해 감염병이 도는 일은 거의 없어요. 하지만 물이 부족한 곳이나 물 소독이 쉽지 않은 우물 같은 곳에서는 수인성 감염병이 전파될 수 있지요.

일본뇌염과 말라리아는 모기가 옮기는 감염병이에요. 일본뇌염 바이러스는 돼지나 물새 같은 동물의 혈액 속에서 개체 수를 늘리고 있다가 그 동물의 피를 빨아먹은 모기에게로 옮겨 가요. 그리고 이 모기가 사람을 물 때 사람의 혈관 속으로 전파되지요. 말라리아의 병원체인 말라리아 원충 역

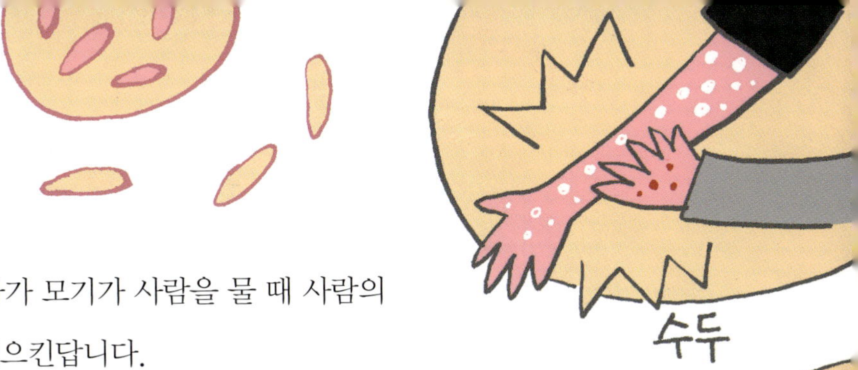

시 암컷 모기의 몸속에서 살다가 모기가 사람을 물 때 사람의 혈액 속으로 들어가서 병을 일으킨답니다.

감기 바이러스는 감기에 걸린 사람이 재채기할 때 튀어나온 바이러스가 공기 중에 퍼져 있다가 다른 사람의 호흡기로 들어가서 옮겨집니다. 공기를 통해서 전파될 때는 더 빨리 더 많은 사람이 감염병에 걸릴 수 있어요. 또한 수두 바이러스는 물집에서 나온 바이러스가 신체적인 접촉을 통해 전파돼요. 수두에 걸린 사람의 침을 통해 퍼지기도 하고요. 그래서 수두에 걸리면 학교에 가지 않는 거예요. 여럿이 함께 생활하는 학교에서는 다른 친구들에게 쉽게 수두가 옮을 수 있으니까요.

식중독을 일으키는 병원체는 오래되거나 잘 익히지 않은 음식물 속에 숨어 있으면서 독소를 만들어요. 그래서 그 음식을 나눠 먹은 사람들이 집단으로 식중독을 일으키게 돼요. 단체 급식이나 잔치 음식 같이 많은 양의 음식을 한꺼번에 만들고 보관할 때는 특히 조심해야 해요.

최초의 항생제는 어떻게 개발되었나요?

코흐나 파스퇴르가 백신을 만들었지만 백신은 감염병을 예방하는 수단이었기 때문에 이미 감염병에 걸린 사람에게는 소용이 없었어요. 과학자들은 세균을 없앨 수 있는 치료약을 만들고 싶었어요.

오랜 옛날부터 사람들은 경험을 통해 어떤 약초가 열을 내리게 한다거나 염증을 가라앉게 만들거나 통증을 완화시킬 수도 있다는 것을 알고 있었어요. 하지만 이런 약초는 해당 증상의 원인이 되는 미생물만을 공격하는 건 아니었어요. 그래서 효과가 확실하지 못하고 회복 여부는 운에 맡길 수밖에 없었지요.

과학자들은 비소(독성이 높은 화학물질로 살충제나 쥐약 제조에 쓰임) 같은 화학 물질이 세균을 없앨 수 있다는 걸 알아냈어요. 독일의 화학자 파울 에를리히는 비소 화합물 치료제인 살발산을 개발했고, 역시 독일의 의학자 게르하르트 도마크는 황을 이용한 살균제 프론토질을 개발해서 노벨 생리의학상을 받았어요. 그러나 여전히 감염병을 치료하는 일은 어려웠어요.

질병 치료에 일대 혁신을 가져온 항생제 페니실린의 개발은 1928년 영국 런던에서 우연히 시작되었어요. 세균학자 플레밍은 런던의 한 병원에서 상처를 감염시키는 포도상구균이라는 세균을 배양하고 있었는데, 어느 날 배양균이 실수로 푸른곰팡이에 오염된 것을 발견했어요. 그런데 곰팡이 주변의 포도상구균이 죽어 있었던 거예요. 푸른곰팡이에서 나오는 어떤 물질이 포도상구균을 없애 버린다는 것을 발견한 플레밍은 그 물질에 '페니실린'이라는 이름을 붙였어요. 그는 페니실린으로 치료제를 만들기 위해 노력했지만, 불순물이 없는 순수한 페니실린을 뽑아내는 과정이 무척 어려웠던 데다가 항균 효과의 지속 시간도 너무 짧다는 걸 알고 연구를 포기하고 말았지요.

페니실린을 발견한 플레밍

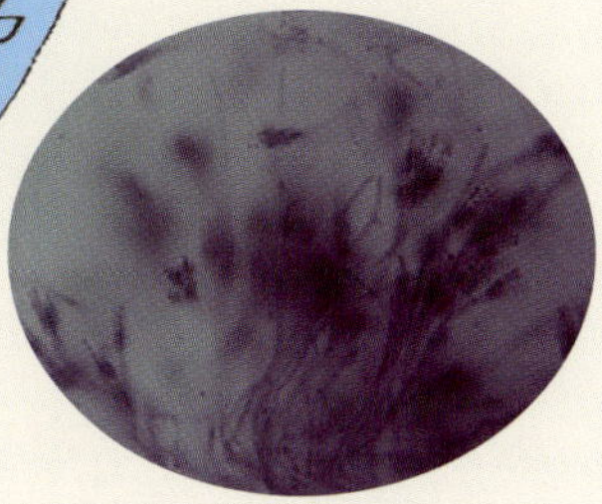

푸른곰팡이

그로부터 9년 후 영국 옥스퍼드 대학의 하워드 플로리와 에른스트 카인은 플레밍의 연구 결과에 관심을 가졌어요. 이들은 페니실린을 배양하고 말려서 가루로 만들었고, 이것으로 동물실험을 시작했어요. 포도상구균을 주사한 쥐들을 두 집단으로 나누어 한 집단에 페니실린을 주사했더니 그 쥐들은 무사히 살아남았지요. 페니실린의 효과를 확신한 그들은 1941년 드디어 포도상구균 감염 환자를 대상으로 임상 시험을 했어요.

"환자가 회복했습니다! 성공이에요, 성공!"

그 뒤로 수많은 생명을 구한 항생제 페니실린이 온전히 모습을 드러낸 순간이었지요.

플로리와 카인은 영국 제약회사에 페니실린을 대량으로 생산하자고 제안했지만 거절당했어요. 결국 미국 제약회사에서 플로리와 카인에게 연구비를 대면서 페니실린의 대량생산뿐만 아니라 특허권까지 가져가게 되지요. 한발 늦은 영국은 그로부터 50년 동안이나 미국에 막대한 특허료를 지불하면서 수입하는 신세가 되고 말았답니다.

1945년 카인, 플로리, 그리고 플레밍은 항생제 페니실린의 개발 업적을 인정받아 공동으로 노벨의학상을 받게 되었어요. 노벨상 수상 축하 연설에서 스웨덴 노벨의학연구소의 테오렐 교수는 이 세 명의 과학자들을 '마법에 걸려 나무뿌리에 갇혀 있던 요정을 풀어 주고 만병통치약을 얻은 동화 속 인물'에 비유하기도 했어요.

페니실린은 제2차 세계 대전이 끝나 갈 무렵부터 본격적으로 활용되었어요. 상처의 감염뿐만 아니라 폐렴, 디프테리아, 수막염을 비롯한 질

병에도 큰 효과가 있었기 때문에 페니실린은 '마법의 탄환'이라고 불렸지요. 페니실린의 개발 이후로 과학자들은 강력한 항생제를 계속 개발했어요. 그래서 100년 전까지만 해도 손도 쓸 수 없었던 많은 질병을 쉽게 치료할 수 있게 되었답니다.

페니실린 대량생산

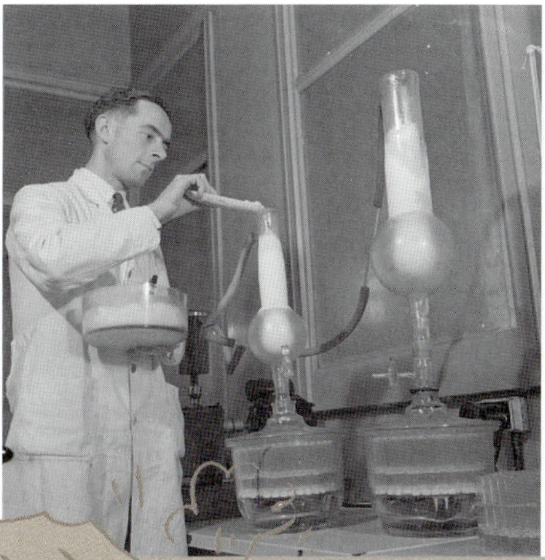

우연과 행운이 겹친 페니실린 발견

플레밍은 그다지 꼼꼼하고 끈기 있는 성격은 아니었던 모양이에요. 플레밍은 휴가를 떠나면서 포도상구균 배양접시를 배양기에 넣지 않고 실험대 위에 그대로 두고 갔어요. 그리고 그 덕분에 푸른곰팡이가 배양균을 오염시키게 된 거지요. 푸른곰팡이는 플레밍의 연구실 아래층에서 날아온 것이었는데, 이곳에서는 곰팡이로 알레르기 백신을 연구 중이었어요. 수많은 종류의 곰팡이 가운데 하필 푸른곰팡이가 날아온 것은 엄청난 행운이었답니다.

그리고 플레밍이 페니실린 연구를 쉽게 포기하는 바람에 플로리와 카인에게 기회가 돌아간 셈이에요. 플로리와 카인은 애초에 항생제 개발에 목적을 둔 것이 아니라, 플레밍의 논문에 워낙 허점이 많아 그것을 보완하면 더 좋은 결과를 얻을 것이라는 기대로 연구를 시작했다고 해요.

무균박사 특강 2

파스퇴르 VS 코흐

인간이 미생물과 감염병의 관계를 파헤치기 시작한 이래로 수많은 과학자들이 중요한 성과를 이루어 왔지. 그 가운데에서도 단연 돋보이는 스타 과학자들이 있기 마련. 탑2를 꼽자면 루이 파스퇴르와 로베르트 코흐가 아닐까?

프랑스의 파스퇴르는 1822년 태어나 1895년 사망, 독일의 코흐는 1843년 태어나 1910년 사망했어. 파스퇴르가 훨씬 형님이고, 두 사람이 같은 분야에서 활동한 시간은 20년 남짓이지.

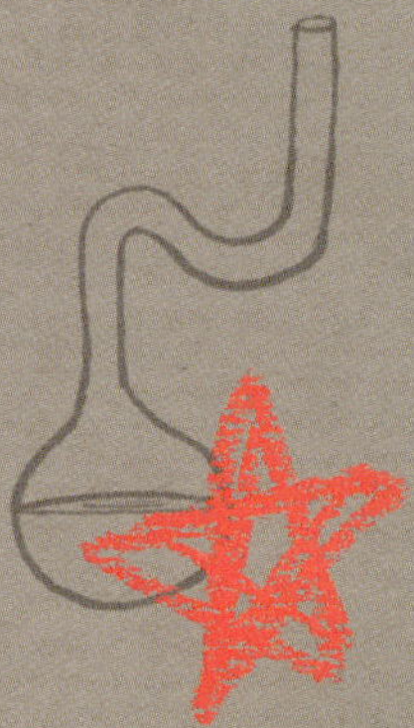

파스퇴르는 미생물학자이기 이전에 화학 교수였고, 코흐는 작은 시골 마을의 의사였어. 파스퇴르는 열정적인 프랑스인답게 감정이 앞서고 다소 즉흥적이며 스타 기질이 있었다고 해. 반면 코흐는 논리적인 독일인답게 냉정하고 과묵하며 팀워크를 중요시하는 성격이었대.

미생물학의 아버지

파스퇴르 (1822 ~1895)

미생물학에서 두 사람의 업적은 어마어마하지. 먼저 파스퇴르부터 살펴볼까?

고대부터 믿어 오던 자연발생설을 완벽히 뒤집은 사람이 바로 파스퇴르야. 그 유명한 백조목 플라스크 실험 기억하지? 그는 여기서 더 나아가 질병의 원인이 미생물임을 증명하고, 저온살균법을 개발했으며, 탄저병 백신과 닭콜레라 백신 개발에도 성공했어. 또 광견병 백신 개발로 수많은 생명을 살려 프랑스인들의 영웅이 되었지.

파스퇴르가 '미생물학의 아버지'로 불린다면, 코흐는 '세균학의 창시자'로 유명해. 코흐는 탄저병의 원인인 탄저균을 찾아내고, 세균학의 기본인 '코흐의 4원칙'을 발표했지. 이 원칙은 그의 뒤를 이은 많은 과학자들에게 큰 도움을 주었어. 코흐는 이어서 결핵균과 콜레라균의 실체도 확인했어. 특정 질병을 일으키는 특정 병원체가 있다는 사실을 밝혀낸 덕분에 사람들은 질병 치료에 대한 희망을 갖게 되었지.

이처럼 파스퇴르와 코흐가 선의의 경쟁을 벌인 덕분에 과학은 더욱 빛나는 발전을 이룬 것이 아닐까?

3장 역사를 바꾼 감염병

아스텍 제국을 멸망시킨 두창

1980년 세계보건기구는 지구상에 더 이상 두창 바이러스가 존재하지 않는다고 선포했어요. 연구를 목적으로 바이러스를 보관하고 있기는 하지만 사실상 인류는 두창의 공포로부터 벗어난 것이지요. 이로써 두창은 인류가 백신을 이용하여 퇴치한 최초의 감염병으로 기록되었어요.

두창은 천연두라고도 부릅니다. 두창 바이러스는 적은 양으로도 공기를 통해 쉽게 전염되며, 환자 10명 중 3명이 목숨을 잃는 무서운 바이러스였어요. 기원전 12세기 이집트의 파라오였던 람세스 5세의 미라에서 두창의 흔적이 발견되었을 만큼 인류 역사에서 아주 오래된 감염병이지

아스텍에 입성한 코르테스 군대

요. 설사 두창에 걸렸다가 낫는다고 해도 온몸에 잡힌 고름 물집이 흔히 '마마 자국'이라고 불리는 깊은 흉터로 남았어요.

지금으로부터 500여 년 전, 남아메리카의 멕시코 중부 지역에 번성하던 아스텍 제국이 멸망한 것도 바로 두창 바이러스 때문이었어요. 1519년 에스파냐 국왕이 보낸 식민지 탐험대장 코르테스의 군대가 아스텍 땅에 도착했어요. 아스텍 황제 몬테수마와 원주민들은 하얀 피부의 낯선 이방인들이 아스텍 신화 속에 나오는 신의 모습과 닮았다고 생각하여 그들을 극진히 대접했지요. 하지만 코르테스는 곧 본색을 드러내어 황제 몬테수마를 인질로 잡고 몸값으로 황금을 바치라고 요구했어요. 하지만 아스텍의 전사들이 맹렬히 맞서자 코르테스의 군대는 그 기세에 밀리고 말았지요.

그런데 정작 아스텍 제국을 위협한 것은 코르테스의 군대가 아니라 두

창 바이러스였어요. 두창에 감염된 에스파냐인 병사가 아스텍 원주민들에게 두창을 옮기고 만 것이지요. 두창은 순식간에 퍼졌어요. 두창을 처음 겪는 아스텍 사람들은 이 질병에 대한 면역력이 전혀 없었기 때문에 두창 바이러스의 위력이 훨씬 치명적일 수밖에 없었지요.

결국 아스텍 인구의 3분의 1 이상이 두창으로 목숨을 잃었어요. 코르테스는 겨우 수백 명의 군대를 이끌고 수백만 명의 인구를 가진 제국을 정복한 셈이지요.

우리나라에서도 두창은 두려운 감염병이었어요. 두창을 '별상' 또는 '마마'라고 높여 불렀던 것은 그런 두려움의 표현이었어요. 조선 후기의 실학자 정약용이 감염병 치료서인 《마과회통》에 인두법을 소개하면서 일부에서는 인두법을 두창의 예방책으로 사용했다고 해요.

우리나라에서 종두법을 처음 실시한 사람은 지석영입니다. 1879년 전국에 유행한 두창으로 조카를 잃은 지석영은 서양에서 효과를 보고 있다는 종두법에 관심을 가지게 되었어요. 지석영은 당시 조선에 거주하던 일본인 의사로부터 종두법을 배웠어요. 그리고 충청북도 충주에 있는 처가로 가서 아내의 어린 남동생과 그 마을 어린이 40여 명에게 우두를 접종했어요. 우리나라 최초로 실시한 종두법의 결과는 성공이었지요.

더 많은 이들에게 우두를 접종하려면 우두에 걸린 소에게서 뽑은 면역물질인 '우두묘'가 많이 필요했어요. 지석영은 1880년 일본으로 건너가 우두묘 제조법을 배우고 서울로 돌아와 종두법을 널리 보급했답니다. 그리하여 1885년부터 전국적으로 종두법이 도입되었고, 1895년에는 종두규칙이 법으로 제정되었어요.

호기심이 번쩍!

종두법의 성공과 더불어, 두창 바이러스가 2주 안에 새로운 숙주를 찾지 못하면 자연히 소멸한다는 사실이 밝혀진 덕분에 인류는 두창을 퇴치할 수 있게 되었어요.

마침내 종두법이 개발된 지 200여 년 만인 1979년, 지구상에서 두창은 완전히 사라지게 되었어요. 여러분의 부모님 세대는 두창 예방 주사를 맞았지만 이제 여러분은 그럴 필요가 없답니다.

위험한 인두법

오래전 중국에서는 두창에 걸린 환자의 물집에서 고름을 짜서 멀쩡한 사람의 코에 넣거나 상처에 발라 두창을 예방하는 방법을 사용했어요. 이 방법을 '인두법'이라고 해요. 인두법은 두창에 대한 면역력을 키우는 일종의 원시적인 예방주사 같은 것이었지만 오히려 두창에 걸릴 수도 있기 때문에 매우 위험한 방법이었지요. 하지만 18세기 초 메리 몬터규 부인이 유럽에 인두법을 처음 소개했을 때 사람들로부터 큰 환영을 받았어요. 메리 몬터규 부인은 외교관이었던 남편을 따라 동방을 방문했을 때 인두법을 접하고 이를 고국인 영국과 유럽 여러 나라에 전했답니다.

인두법을 유럽에 전한 메리 몬터규 부인

결핵이 예술가들의 병이라고요?

결핵은 기원전 700년경의 화석에서도 흔적을 찾을 수 있을 정도로 아주 오래된 감염병 가운데 하나입니다. 그렇지만 결핵을 일으키는 결핵균을 발견한 것은 얼마 되지 않았어요. 지금으로부터 200여 년 전 독일의 미생물학자 로베르트 코흐가 결핵균을 발견했지요. 결핵균은 그의 이름을 따서 '코흐의 바실러스(막대 모양 균)'라고 부르기도 합니다.

결핵은 결핵균에 감염되어 걸리는 병으로 몸의 어느 부분에나 생길 수 있지만, 보통 결핵이라고 하면 폐에 나타나는 폐결핵을 말해요. 결핵에 걸리면 열이 나고 식욕이 떨어지며 체중이 감소해요. 또 마른기침을 심하게 하다가 피를 토하기도 하지요. 결핵균은 결핵 환자가 기침을 할 때 밖으로 나와서 공기 중을 떠돌다가 다른 사람의 폐 속으로 들어가 또 다른 환자를 만들어 내요. 200년 전만 해도 결핵은 효과적인 치료법이나 예방법이 없었기 때문에 환자들은 공기 좋은 곳에서 요양을 하며 쉬는 것이 전부였어요. 하지만 이마저도 부자들의 특권이었지요. 불결한 환경에서 지내고 영양 섭취도 부족한 가난한 사람들에게 결핵은 더욱 무서운 병이었답니다.

결핵 환자는 피부가 창백해지고 양 볼은 붉어지며 몸이 야위어요. 게다가 18~19세기에 유명하고 재능 있는 사람 가운데 결핵으로 목숨을 잃는 경우가 종종 있었기 때문에 사람들은 결핵을 '낭만적인 병, 예술가의 병'

이라고 말하기도 했지요. 철학자 데카르트, 칸트, 음악가 쇼팽, 작가 발자크, 도스토예프스키, 프랑스 황제 나폴레옹의 아들 나폴레옹 2세까지 결핵으로 세상을 떠난 유명인들이 많이 있어요. 하지만 결핵은 결코 특별한 사람들이 걸리는 낭만적인 병이 아니랍니다. 결핵은 누구나 걸릴 수 있는 감염병일 뿐만 아니라, 사실은 면역력이 약한 가난한 이들 중에 결핵 환자가 더 많았으니까요.

결핵은 예술 작품에서 비극을 더하는 장치로 사용되기도 했어요. 오페라《라 트라비아타》의 주인공 비올레타도, 소설《레 미제라블》의 판틴도, 황순원의 단편《소나기》의 소녀도 결핵으로 세상을 떠나지요.

뭉크의 〈병든 아이〉

〈절규〉라는 작품으로 유명한 노르웨이 화가 에드워드 뭉크를 알고 있나요? 뭉크는 결핵을 앓다가 세상을 떠난 누나의 모습을 그림으로 남기기도 했어요. 그 작품이 바로 〈병든 아이〉인데, 누나의 죽음에 대한 뭉크의 깊은 상심이 잘 드러나 있어요.

결핵을 극복하는 데 무엇보다 가장 큰 공을 세운 것은 항생제입니다. 1950년대에 스트렙토마이신을 비롯

결핵 예방접종 BCG

요즘은 태어나서 4주 안에 결핵 예방주사를 맞아요. BCG라고도 하는데, B는 박테리아를 뜻하고, CG는 이 백신을 개발한 프랑스 파스퇴르 연구소의 세균학자인 칼메트와 게랭의 머릿글자를 따서 붙인 이름이에요. 예전에는 일회용 주사기 대신 일반 주사기를 불로 소독하여 여러 사람에게 접종했기 때문에 '불주사'라고 부르기도 했어요. 불주사를 놓은 팔뚝 부위에는 흉터가 남았지요. 하지만 요즘은 작은 침이 여러 개 달린 도장 같은 경피주사기로 꾹 찍기 때문에 어른이 되면 흉터가 거의 남지 않아요.

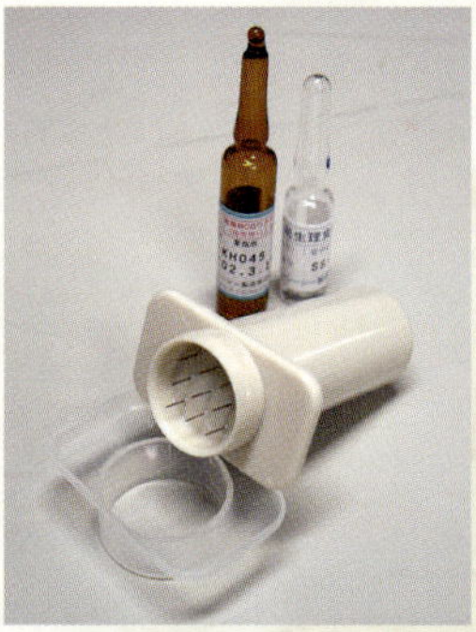

경피주사기

해 다양한 결핵 치료약들이 개발되었어요. 또한 사람들의 영양 상태과 위생 상태가 좋아지면서 결핵균에 대한 저항력이 강해지고 결핵 환자도 점차 줄어들게 되었지요.

하지만 여전히 국민들의 영양 상태가 좋지 않은 저개발국가에서는 결핵으로 매년 수백만 명이 목숨을 잃는답니다. 또 결핵균이 항생제에 내성이 생기도록 진화한다는 사실이 밝혀지면서 긴장을 늦출 수 없게 되었어요. 우리나라에서도 결핵은 여전히 골칫거리인 감염병 가운데 하나예요.

특히 2013년 10월 대전 카이스트(한국과학기술원)에서 결핵 환자가 무더기로 발견되는가 하면, 서울의 한 고등학교에서도 집단 결핵 감염이 확인되었어요. 이러한 현상은 결핵균의 강한 전염성과 관련이 있는데, 여럿이 함께 생활하는 학교나 기숙사 등의 공간에서는 결핵균에 노출될 가능성이 훨씬 높아지기 때문이에요. 또한 무리한 다이어트로 인한 영양 불균형, 스트레스에 따른 면역력 저하도 결핵 확산의 원인으로 꼽히고 있어요.

호기심이 번쩍!

우표 옆에 나란히 붙여서 보내는 크리스마스 실(Christmas seal)은 1904년 덴마크의 우체국장이었던 아이나르 홀벨이 결핵에 걸린 어린이들을 돕기 위해 낸 아이디어였어요. 우리나라에서도 대한결핵협회에서 결핵퇴치 기금을 모으려고 크리스마스 실을 판매합니다. 지금은 전자우편을 많이 이용하기 때문에 판매량이 많이 줄었다고 해요. 그래서 스티커나 모바일 실, 이카드 실로도 개발되고 있답니다.

아이나르 홀벨

크리스마스 실

성경에도 등장하는 한센병

성경을 보면 예수님이 기적을 일으켜 나병 환자를 치료한다는 구절이 있어요. 여기서 나병은 한센병을 말해요. 고대 그리스와 로마의 옛이야기에도 한센병과 비슷한 질병을 설명하고 있어요. 또 지난 2009년 이스라엘에서 발굴된 2000년 된 무덤에서도 나병균이 발견되었지요.

중세 시대 유럽에서는 한센병 환자들이 큰 죄를 지어서 신에게 벌을 받는 거라고 생각했어요. 신체 곳곳이 썩어 보기 흉하기 때문에 사람들은 한센병을 '더러운 병, 불결한 병'이라고 여겼어요. 우리나라에서도 옛날에는 한센병 환자들을 문둥이라고 업신여겼지요.

한센병 환자들은 마을에서 멀리 떨어진 곳에 모여 살았어요. 심지어 한센병 환자들은 길거리를 다닐 때 종을 울리거나 나무토막 두 개를 마주 댄 딱따기를 쳐서 사람들에게 자신이 지나가는 것을 알렸답니다. '길을 비켜 주세요. 나는 무서운 병에 걸린 환자입니다.'라는 뜻으로 말이죠.

사실 한센병은 전염성이 매우 낮고, 요즘은 약으로 간단히 고칠 수 있어요. 한센병이 어떻게 전염되는지는 아직 정확히 알려져 있지 않아요. 인구의 95%는 자연적으로 면역을 가지고 있고, 어떤 사람들은 감염이 되어도 증상이 나타나기까지 20년 이상 걸리기도 하니까요.

사람들은 한센병에 걸리면 신체 일부가 떨어져 나간다고 생각했어요. 하지만 그것이 한센병 자체의 증상은 아니에요. 나병균이 피부와 신경계

나병균

다미앵 신부

중세 시대 나병 환자가 소지하던 종

호기심에 번쩍!

벨기에 출신 가톨릭 사제인 다미앵 신부는 1873년 하와이 몰로카이 섬의 한센병 환자 수용시설에 자원하여, 16년간 한센병 환자들을 위해 봉사하다가 자신마저 한센병을 얻어 세상을 떠났습니다. 다미앵 신부는 한센병 환자들의 친구이자 사랑의 순교자로 기억되고 있어요.

에 침투해서 감각을 없애기 때문에 상처를 입어도 잘 느낄 수 없고, 그로 인한 2차 감염 때문에 주로 손가락과 발가락 끝이 썩어 들어가는 거지요.

나병균은 결핵균과는 친척 관계에 있어요. 비슷한 병원체가 이렇게 다른 질병을 일으킬 수도 있답니다. 사람들이 병에 대해 잘 몰랐기 때문에 최근까지도 한센병 환자들은 섬이나 외딴 곳에 격리되어 살아야만 했어요. 하지만 한센병을 치료하는 약이 개발된 1950년대 이후로는 더 이상 무서운 질병이 아니랍니다. 또한 한센병 환자를 격리하거나 그들과의 접촉을 피할 이유도 없지요. 질병을 과학적으로 연구하고 알게 된 덕분에 한센병에 대한 잘못된 인식도 점차 바뀌고 있어요.

봉건제도를 무너뜨린 페스트

페스트는 중세 시대 가장 무서운 감염병 중 하나였어요. 지금으로부터 약 700년 전 아시아와 유럽 전역을 휩쓴 페스트로 인해 이 지역 사람들 절반가량이 목숨을 잃었어요.

당시 유럽 지역은 홍수가 잦아서 농작물이 잘 자라지 못해 사람들이 굶주리는 일이 많았어요. 아시아 지역도 사정이 크게 다르지 않아서 홍수나 가뭄 같은 자연재해가 자주 발생했지요. 사람들의 영양 상태나 위생 상태가 좋지 못하면 많은 질병에 시달리게 됩니다. 이런 와중에 번

진 페스트는 걷잡을 수 없이 퍼져 나갔어요.

페스트균은 벼룩이 쥐를 숙주로 삼아 퍼뜨리는 병균이에요. 페스트균을 가진 벼룩이 쥐에 붙어살면서 피를 빨다가 그 쥐가 죽으면 다른 쥐에게 옮겨 가요. 그리고 쥐에 붙어 있던 벼룩이 사람의 몸에도 붙어 병을 옮기게 되지요.

벼룩에 물려 페스트균에 감염되면 이틀에서 열흘 내로 증상이 나타나요. 머리가 아프고, 심한 열이 나고, 목과 겨드랑이와 사타구니의 림프절이 부어 생기는 멍울인 가래톳이 나타나요. 또 기침을 심하게 하고 피를 토하기도 하지요. 환자들의 얼굴과 손발의 피부가 검은색으로 변하기 때문에 페스트는 흑사병(검은 죽음을 몰고 오는 병이라는 뜻)이라는 이름을 얻었어요.

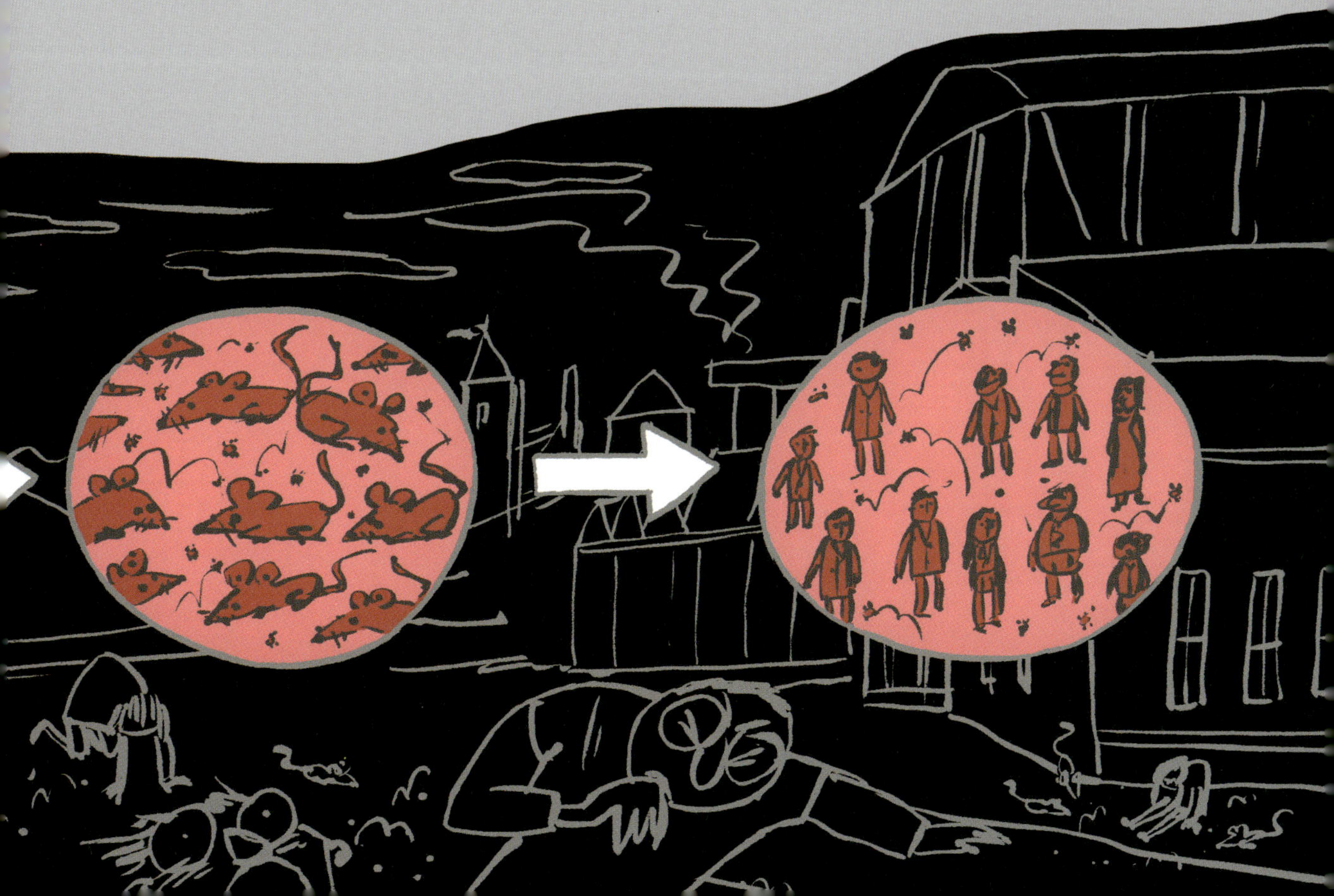

호기심이 번쩍!

중세 시대의 의사들은 페스트 감염을 피하기 위해 새의 부리 같은 기괴한 마스크를 쓰고, 그 안에 강한 향이 나는 약초를 가득 채워 넣었어요. 의사들의 치료법은 달군 쇠로 가래톳을 찌르거나 정맥을 째서 피를 뽑는 것, 심지어는 오줌으로 목욕을 시키는 것이었는데, 이런 엉터리 치료법은 쇠약해진 환자를 더 빨리 죽게 만들었지요.

중세 시대 의사의 복장

보기에도 끔찍한 이 감염병은 사람들을 공포로 몰아넣었지요.

당시 병의 원인이 무엇인지, 어떻게 전염되는지에 대해 과학적으로 알지 못했던 사람들은 엉뚱한 치료법에 매달리거나 사람이 없는 외딴 곳으로 도망치는 게 전부였어요.

어떤 사람들은 페스트가 신이 내린 천벌이라고 생각해서 속죄의 의미로 자신의 몸에 채찍질을 하거나 기도를 드리기도 했어요. 하지만 이 모든 것들이 전혀 효과가 없었기 때문에 사람들은 큰 혼란에 빠졌어요. 공포에 질린 사람들은 개나 고양이가 원인이라고 생각해서 죽이기도 하고, 심지어는 집시와 유대인들이 질병을 몰고 왔다고 탓하며 이들을 고문하거나 학살하기도 했답니다.

결국 1340년대 유럽에서는 페스트의 대유행으로 인구 열 명 중 다섯 명이 목숨을 잃었어요. 다행히 병을 피해 살아남은 사람들은 예전과는 전혀 다른 환경에 처하게 되었지요. 사람들은 더 이상 신이 자신들을 지켜 주지 못한다고 생각했어요. 그래서 종교 중심의 세계관에서 차츰 벗어나게 됩니다.

또한 인구가 줄어 일할 사람이 모자랐기 때문에

중세 영주들의 농원을 유지할 수가 없었어요. 중세 시대를 유지하고 있던 봉건제도(넓은 땅을 가진 영주가 자신의 땅에서 일하는 농노들을 지배하는 제도)의 큰 축이 무너져 버린 거지요. 일손이 부족해지자 농노들은 예전에 비해 더 많은 대가를 받게 되었어요. 또한 사람들은 새로운 일자리를 찾아 도시로 모여들었고, 귀족 출신이 아니더라도 돈을 많이 모아서 신분을 높인 사람들이 늘어났어요. 유럽의 르네상스 시대가 시작된 것이지요. 페스트의 피해가 다른 지역보다 비교적 덜했던 이탈리아 도시들이 르네상스 문화와 학문의 중심지가 되었답니다.

페스트가 만든 검역 제도

검역을 담당하는 배 검역선

페스트를 경험한 사람들은 새로운 제도를 만들고 과학적인 생각을 발전시키기도 했어요. 뱃사람들이 많이 드나들던 이탈리아의 베네치아에서는 외국에서 배가 오면 멀리 떨어진 섬에 선원들을 40일 동안 격리해 놓고 페스트에 걸리지 않았다는 것을 확인한 후에야 도시로 들어올 수 있게 허가했지요. 이것이 바로 현재 전 세계 모든 공항이나 항만에서 시행하는 검역의 시초랍니다. 검역이라는 뜻의 영어 'quarantine(쿼런틴)'은 '40'을 뜻하는 이탈리아어 'quaranta(콰란타)'에서 유래했어요. 물론 당시에 검역이 큰 효과가 있었던 것은 아니에요. 사람들을 격리했다고 해서 페스트를 옮기는 쥐가 빠져나오지 못한 것은 아니었으니까요.

공중위생 개혁을 가져온 콜레라

1854년 여름이 끝나 갈 무렵, 런던 시내에서는 갑자기 설사병이 번져 수백 명의 사람들이 목숨을 잃었어요. 배가 몹시 아프고 심한 설사를 하다가 탈수 증상을 보이는 이 감염병은 런던 곳곳으로 빠르게 퍼져 나갔지요. 이 병의 정체는 콜레라였어요.

1800년대 런던은 많은 사람들이 모여 사는 대도시였지만 아직 상하수도 시설이 갖춰져 있지 않았어요. 도시의 가난한 사람들이 모여 살던 빈민가에서는 좁고 더러운 화장실을 여럿이 함께 사용했지요. 오물과 하수는 템스 강으로 그냥 흘러들기 일쑤였고요. 사람들은 물을 끓여 마시거나 하수를 처리하는 등의 위생 문제에 크게 신경을 쓰지 않았어요.

당시는 아직 병원균이 무엇인지 모르던 때라 사람들은 여전히 더러운 공기 미아즈마가 감염병을 일으킨다고 생각했어요. 그런데 사실 콜레라균은 오염된 물로 전염되는 수인성 감염병이랍니다.

이런 사실을 처음 알아낸 사람은 런던의 의사 존 스노예요. 그는 콜레라의 원인이 공기가 아닌 다른 데 있을 거라고 생각했어요. 그래서 런던 시내를 돌아다니며 콜레라 환자가 사는 집을 지도에 표시했어요. 그 결과 한 펌프식 우물에서 물을 길어다 먹은 사람들이 콜레라에 걸렸다는 것을 알아냈지요. 스노는 더러운 하수가 이 우물을 오염시켰다고 생각했어요. 그래서 우물을 폐쇄하고 다른 우물의 물을 먹게 함으로써 콜레라 확산을 막을 수 있었지요.

한편 호되게 콜레라를 겪은 런던은 그 이후에 스노의 의견을 받아들여 상하수도 시설을 갖추게 됩니다. 하수는 따로 모아서 정화를 하고 상수도를 연결해서 깨끗한 물을 마실 수 있게 한 것이지요. 그 이후 런던은 심각한 콜레라 유행에서 벗어날 수 있었어요. 1884년 코흐가 콜레라균을 발견할 때까지 콜레라의 원인균은 베일에 싸여 있었지만 감염병 예방에는 성공한 셈이었지요. 부지런하고 과학적인 한 의사의 힘이었답니다.

호기심이 번쩍!

감염병이 어디에서 시작되었고 어떻게 퍼져 가는지 알아내는 학문을 '역학'이라고 해요. 런던의 콜레라를 조사하고 확산을 막았던 스노는 '현대 역학의 아버지'로 불린답니다. 스노는 런던의 브로드가를 중심으로 콜레라 환자의 거주지를 지도에 표시하는 방식으로 콜레라의 원인이 공동 우물에 있음을 밝혀냈지요.

옛날 우리나라에는 어떤 감염병이 유행했나요?

우리 조상들은 감염병을 '역병'이라고 불렀어요. 두창이나 홍역, 수두는 물론 콜레라나 장티푸스 등도 종종 발생해서 많은 사람들이 목숨을 잃었어요. 서양에서와 마찬가지로 우리 조상들도 역병을 귀신의 소행이나 하늘에서 내리는 벌이라고 생각했어요. 그래서 귀신을 쫓는 굿을 하거나 부적을 붙이기도 했지요. 우리가 알고 있는 풍속 중에도 감염병을 막는 의미를 담고 있는 것들이 많아요. 동짓날(연중 낮이 가장 짧고 밤이 가장 긴 날로 12월 22일경) 팥죽을 먹는 것, 단옷날 창포로 빚은 술을 마시는 것 등이지요. 또한 역병을 옮기는 귀신인 역귀를 쫓기 위해 대문에 호랑이 그림을 붙이기도 했어요.

런던의 콜레라 유행과 비슷한 시기에 우리나라에서도 콜레라가 사람들을 위협하고 있었어요. 콜레라는 '호열자'라고 불렸어요. 콜레라라는 단어가 중국과 일본을 통해 전해지면서 유사한 발음의 한자로 붙인 이름이지요. 그리고 호랑이에게 물리는 것만큼 아프고 무서운 질병이라는 뜻도 있었어요.

백성들이 감염병으로 고통받자 나라에서는 치료법을 담고 있는 책 《벽온방》을 찍어서 전국에 나눠 주었어요. 《벽온방》은 '감염병을 물리치는 책'이라는 뜻이에요. 한약재와 침으로 열을 내리고, 약초 같은 천연 항생물질로 증상을 약화시키는 방법을 쓰기도 했지만, 근본적인 원인을 모르는 상태에서 감염병 유행을 막기는 쉽지 않았지요.

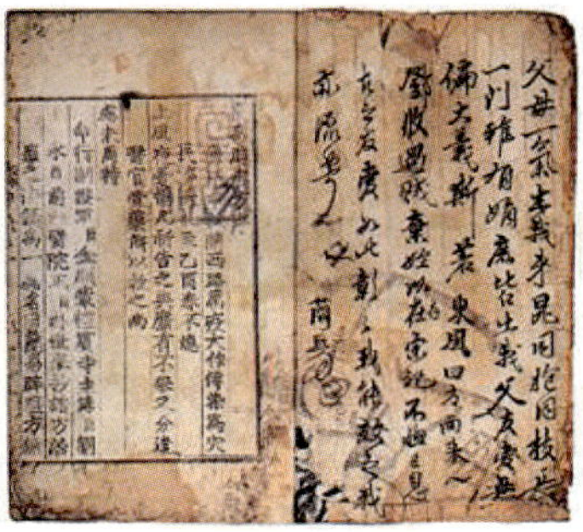

《벽온방》

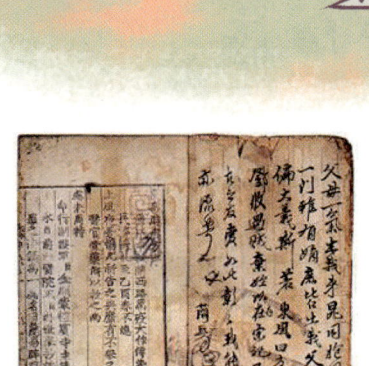

일제강점기에 들어서면서 일본은 서양식 위생제도를 우리나라에 들여왔어요. 이때는 이미 코흐와 파스퇴르가 여러 감염병의 원인이 되는 병원체를 밝혀낸 이후이지요. 그래서 병원체를 없애는 방법이 감염병 예방과 치료에 있어서 가장 중요한 일이 되었어요. 일본인들은 조선인은 비위생적이고 조선의 전통의학은 전혀 소용이 없다고 비하했어요. 그러나 이것은 무력과 거짓선전을 동원해서 우리나라 사람들을 통제하려는 식민지 정책의 하나였답니다.

유행성 출혈열을 연구한
이호왕 박사

한국전쟁 중이던 1951년, 수백 명의 군인들이 갑자기 알 수 없는 병에 걸렸어요. 주로 강원도와 경기도 지역에서 문제가 심각했지요. 갑자기 열이 나고 배가 아프다가 몸속에서 피가 나서 온몸에 멍이 드는 무서운 증상이 나타났어요. 비슷한 감염병이 러시아나 일본, 만주 지역에서도 유행했어요. 병에 걸린 사람 10명 중 4명은 목숨을 잃었지요. 이제껏 없었던 새로운 병이었기 때문에 '유행성 출혈열'이라고 겨우 이름만 붙였을 뿐, 병에 대한 원인은 알지 못해 세계적으로 골칫거리가 되었답니다.

이호왕 박사

유행성 출혈열을 일으키는 원인체를 찾아낸 사람은 우리나라 의학자인 이호왕 박사입니다. 이호왕 박사는 이 골칫거리 감염병을 옮기는 동물이 있다고 생각했고, 우리나라 들판에서 살고 있는 등줄쥐를 잡아서 연구를 하기 시작했어요. 바이러스를 찾는 것은 결코 쉬운 일이 아니었어요. 이호왕 박사의 연구팀에서 유행성 출혈열 환자가 생기기도 했지요. 그러나 포기하지 않고 끈기 있게 연구를 계속한 끝에 1976년 마침내 등줄쥐의 폐에서 유행성 출혈열을 일으키는 바이러스를 분리할 수 있었답니다.

이호왕 박사는 이 바이러스를 '한탄 바이러스'라고 이름 붙였어요. 바

호기심이 번쩍!
농촌 지역에 서식하는 등줄쥐뿐 아니라 도시에 서식하는 쥐를 통해서도 유행성 출혈열이 전염될 수 있어요. 이호왕 박사는 도시에서 질병을 일으키는 또 다른 원인체를 발견하여 '서울 바이러스'라고 이름 지었어요.
등줄쥐의 침과 대변, 소변으로 옮아요.

이러스가 발견된 지역을 흐르는 한탄강에서 따온 이름이지요.

바이러스를 발견했다고 끝나는 것은 아니에요. 유행성 출혈열 예방을 위해서는 백신 개발이 필요했어요. 해마다 수천 명의 환자가 발생하고 있었으니까요. 실패를 거듭하면서 10년간 노력한 끝에 이호왕 박사는 마침내 백신을 만들게 되었어요. 이것이 우리나라 기술로 만든 신약 1호인 '한타박스'이지요. 한타박스 덕분에 우리나라에서만 유행성 출혈열 환자가 4분의 1로 줄었답니다.

이호왕 박사의 연구는 세계 각국의 비슷한 바이러스 연구에도 많은 도움을 주었어요. 박사의 업적을 기념하여 동두천에는 이호왕 박사 기념관이 건립되었답니다.

무균박사 특강 3

감염병이 퍼져 인류가 멸망한다면?

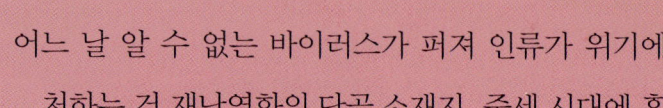

어느 날 알 수 없는 바이러스가 퍼져 인류가 위기에 처하는 건 재난영화의 단골 소재지. 중세 시대에 흑사병이 퍼져 유럽 인구의 3분의 1이 목숨을 잃은 일도 있었으니까 말이야. 치명적인 감염병이 퍼져 인류가 멸망한다고 생각하면 오싹하지 뭐야.

하지만 걱정일랑 넣어 두라고. 인간은 그렇게 쉽게 무너지지 않아. 인간의 몸은 병원체에 대항하는 자연적인 힘, 즉 면역력을 가지고 있어. 그리고 미생물인 병원체 역시 스스로 살아남으려는 성질을 가지고 있지.

만약 병원체가 감염된 사람을 모두 죽게 한다면, 병원체도 더 이상 살아남을 수 없게 돼. 그렇기 때문에 병원체는 감염된 환자의 일부만 죽게 하는 거야. 치사율이 100%인 질병은 없는 셈이지.

또한 인류는 질병의 원인을 찾아내고 더 이상 퍼져나가지 않도록 하는 과학이라는 무기를 가지게 되었어. 덕분에 새로운 감염병이 발생하더라도 그 병을 치료하고 번지지 않도록 막을 수 있는 거지.

인간과 병원체와의 전쟁은 영원히 계속되겠지만 과학이 있는 한 인간이 백기를 드는 일은 없을 거야. 나 무균박사도 힘을 보탤게!

4장 뉴스에 자주 등장하는

감염병

사스는 어떤 질병인가요?

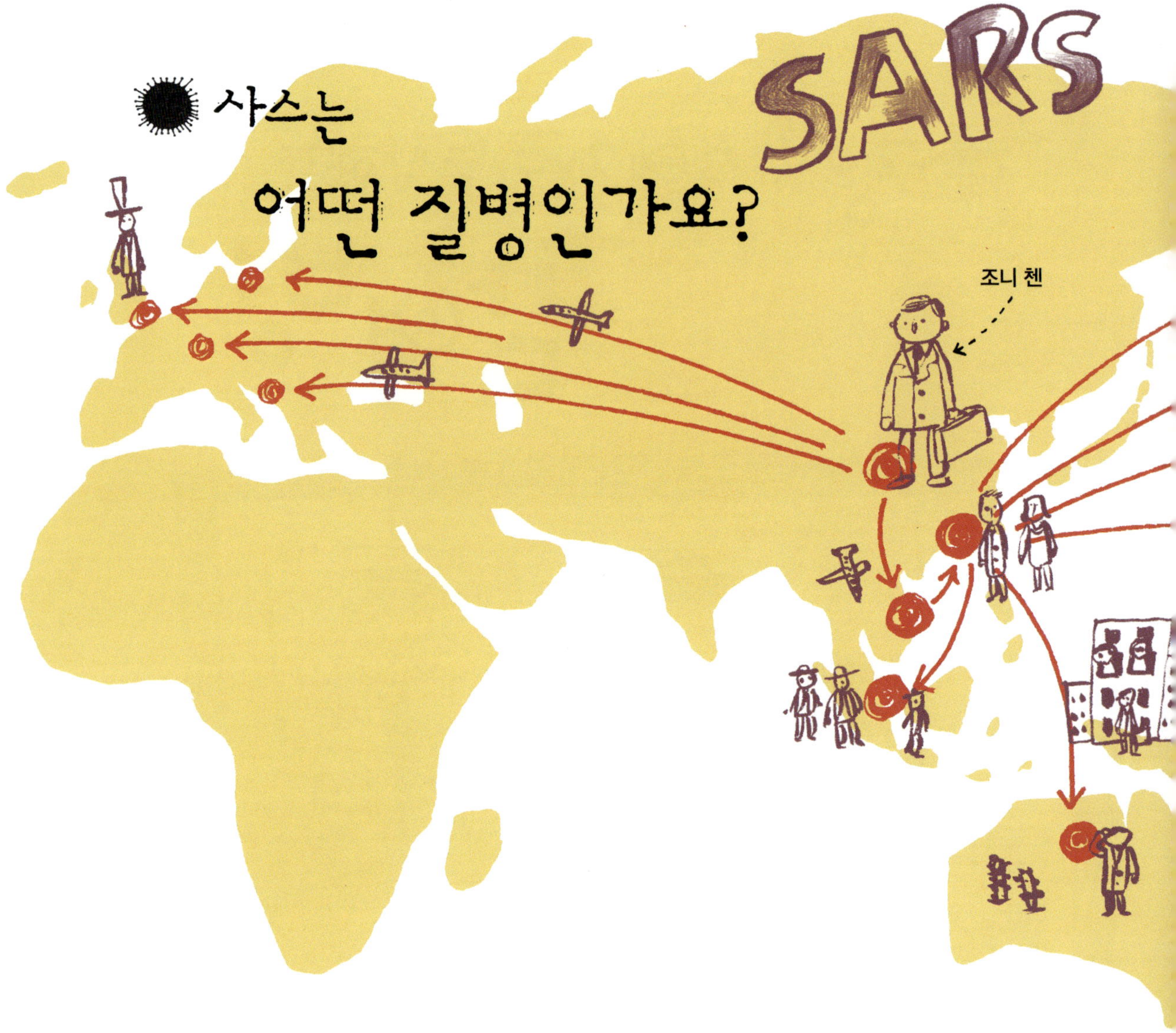

2002년 겨울, 홍콩 거리의 사람들이 모두 마스크를 쓰고 다니는 영상이 연일 뉴스를 통해 흘러나왔어요. 바로 사스라는 신종 감염병 때문이었어요.

사스(SARS)는 '중증급성호흡기증후군'의 줄임말이에요. 사스에 걸리면 심한 열이 나고 기침을 하며 숨 쉬기가 힘들어요. 심각한 폐렴으로 발전해 죽음에 이를 수도 있어요. 사스는 이전까지 없었던 새로운 질병이라

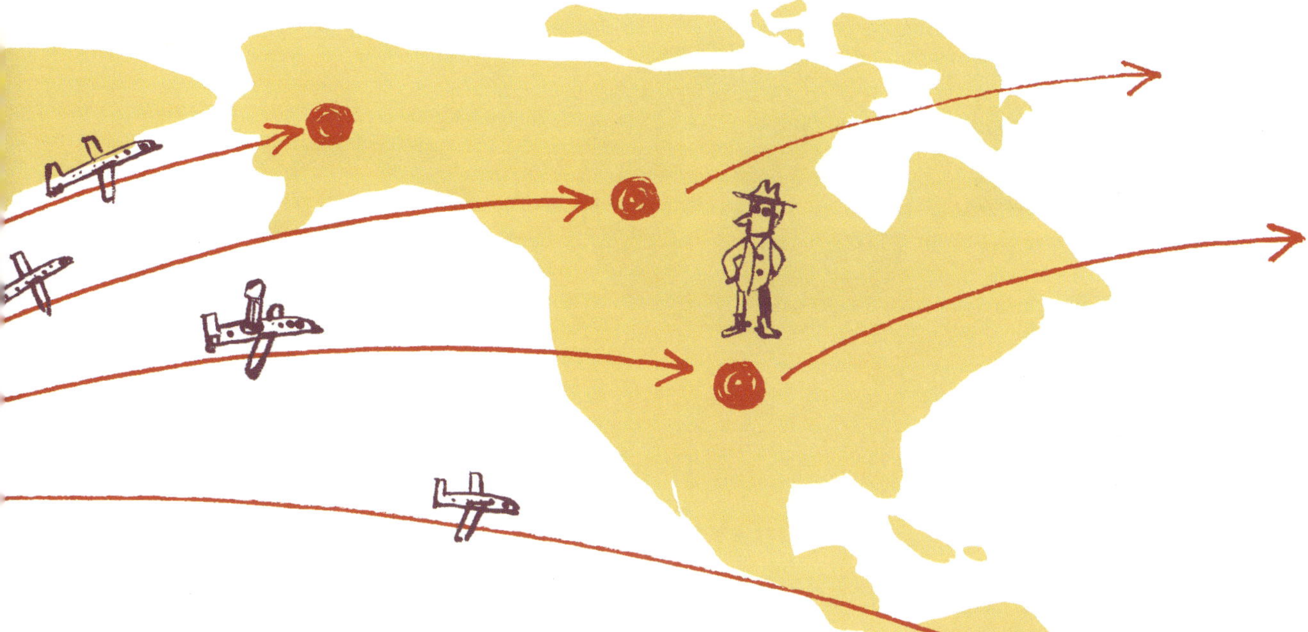

치료제나 백신도 개발되지 않았기 때문에 사람들은 더욱 두려움에 빠졌어요.

사스는 2002년 중국 남부의 광둥 지방에서 처음 생겨난 것으로 알려졌어요. 조니 첸이라는 중국계 미국인 사업가가 이곳을 다녀간 뒤 사스에 감염되었고, 베트남에 머무는 동안 증상이 발생하여 홍콩의 병원으로 옮겨졌어요. 그와 함께 비행기에 탔던 사람들, 같은 호텔에 묵었던 사람들, 또 그를 치료했던 의료진들이 감염되었으며, 사스는 전 세계적으로 퍼지게 되었지요. 특히, 홍콩, 타이완, 싱가포르, 베트남 등의 아시아 지역과 캐나다, 미국에서 많은 사람들이 사스에 걸렸어요. 약 7개월 동안 32개국에서 8,000여 명의 환자가 발생했고, 그 가운데 774명이 사망했습니다.

사스를 일으킨 것은 사스-코로나 바이러스로 밝혀졌어요. 코로나 바이

태양의 코로나

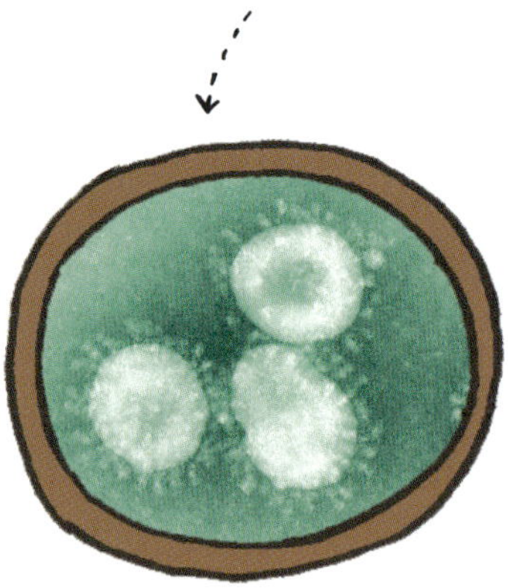

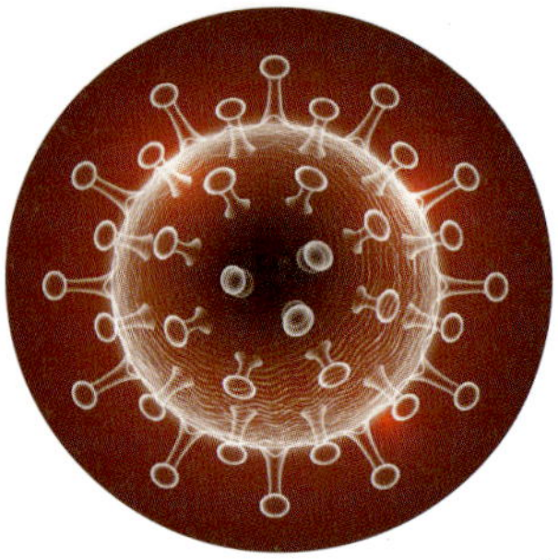

코로나19

러스를 전자현미경으로 보면 태양의 코로나(태양을 둘러싸고 있는 대기의 가장 바깥층으로, 빛이 삐죽삐죽 퍼진 모양을 하고 있음)와 비슷하기 때문에 그런 이름이 붙었어요. 코로나 바이러스는 닭에서 처음 발견된 것으로, 소나 돼지 같은 일부 동물에게 매우 치명적인 바이러스예요. 하지만 사람에게는 가벼운 코감기나 설사를 일으키는 정도지요. 사스-코로나 바이러스는 바로 이 바이러스의 돌연변이였어요. 코감기를 일으키는 바이러스가 변이를 일으키면서 인간에게 치명적인 바이러스로 돌변한 거랍니다.

바이러스는 입자가 매우 작기 때문에 공기 중에 떠다니다가 사람에게 접촉하면 쉽게 전파돼요. 그래서 환자를 격리하고 위생적인 환경을 만드는 것이 중요하지요. 사스는 조기에 발견하여 치료하면 회복이 가능하고 건강한 사람은 회복률도 높아요. 하지만 노인이나 어린이, 다른 질병을 앓고 있는 환자의 경우에는 매우 위험할 수 있어요.

또한 현대에는 많은 사람들이 비행기를 타고 세계 곳곳을 자유롭게 여행할 수 있기 때문에 병원체가 퍼지는 속도가 엄청나게 빨라졌고 범위도 넓어졌어요. 사스 바이러스가 6개월 만에 30여 개 나라에 퍼진 것을 보면 그 전파 속도가 얼마나 빠르고 광범위한지 알 수 있어요. 때문에 각

나라에서는 공항과 항만의 검역을 강화하여 환자를 최대한 빨리 격리하고 치료할 수 있는 제도를 시행하고 있답니다.

2013년 초, 제2의 사스가 발생했다는 소식이 있었어요. 사스 병원체와 비슷한 새로운 변종 코로나 바이러스가 중동 지역에서 발견되었다는 경보령이 내려졌어요. 그리고 2019년 12월 또 다른 종류의 코로나바이러스(SARS-Cov-2)가 중국에서 발견되었어요. 우리가 코로나19라고 부르는 이 신종바이러스는 전 세계를 멈출 정도로 큰 피해를 가져왔지요. 과학자들은 이 역시 동물에서 인간에게 전파된 바이러스로 의심하고 있어요. 바이러스는 계속해서 돌연변이를 만들어 인간에게 위협을 가하고, 의학자들은 변종 바이러스의 정체를 밝혀 새로운 백신을 개발하기 위해 최선을 다하고 있지요. 이렇듯 인간과 바이러스의 싸움은 계속되고 있어요.

사스는 누구에게 더 위험한가요?

감염병에 걸렸을 때 사망에 이를 확률을 치사율이라고 해요. 사스는 25세 이하의 젊은 사람들에게는 치사율이 1% 이하이지만, 65세 이상 노인들에게는 무려 50%에 이르러요. 지금으로부터 100년 전쯤 전 세계적으로 2,500만 명 이상의 엄청난 인명 피해를 가져왔던 스페인독감의 경우 치사율이 3% 정도였던 걸 보면, 사스는 매우 위험한 질병이지요.

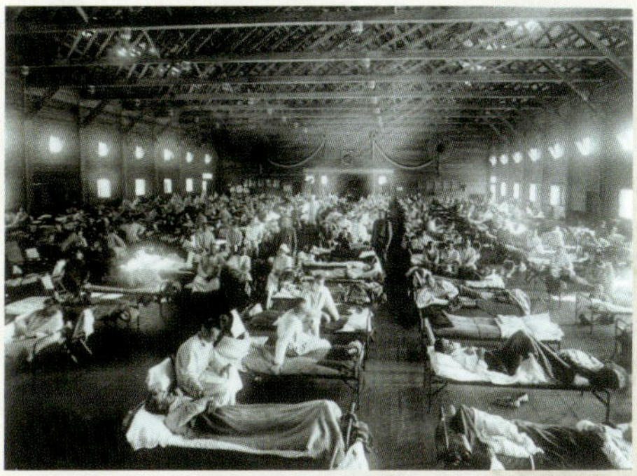

스페인독감 유행 당시 미군 병원의 모습

신종 플루를 일으키는 바이러스는 무엇인가요?

독감은 매년 3백만 명에서 5백만 명이 걸릴 정도로 중요한 감염병이에요. 사람에게 독감을 일으키는 인플루엔자 바이러스는 A형과 B형과 C형, 세 가지 종류가 있어요. 그 가운데 특히 A형 바이러스가 치명적이랍니다.

2009년 미국에서 A형 인플루엔자 바이러스 중 하나가 돌연변이를 일으켜 신종 플루가 세계적으로 크게 유행하기 시작했어요. 이때 돌연변이의 장본인은 H1N1 인플루엔자 바이러스였어요. 2009년 4월부터 약 1년 4개월 동안, 확인된 신종 플루 사망자 수만 약 1만 8,500명이에요. 하지만 과학자들은 실제 사망자는 이 숫자의 15배에 이른다고 생각한답니다.

신종 플루에 걸리면 열이 많이 나고 온몸이 떨리며, 두통과 기침, 콧물, 호흡 곤란 증세가 나타나요. 신종 플루의 잠복기는 1~7일 정도이며, 감염된 사람의 침이나 콧물 같은 분비물에 의해 옮을 수 있어요. 신종 플루 환자에게는 타미플루라는 항바이러스 치료제가 처방됩니다. 예방법으로는 손을 자주 씻고, 외출할 때는 마스크를 착용하며, 독감이 유행할 때는 가급적 사람이 많이 모이는 곳에 가지 않는 것이 좋아요.

호기심이 번쩍!

바이러스는 완전한 생물이 아니기 때문에 혼자서는 자손을 만들 수가 없지요. 그래서 살아남기 위해 다른 생물의 세포에 들어가서 자신의 유전 정보를 그 세포가 복제하도록 만들어요. 그래서 쉽게 돌연변이를 일으킨답니다.

A형 인플루엔자 바이러스

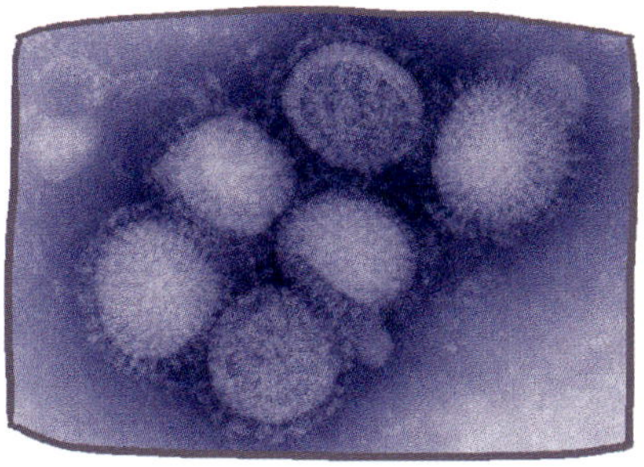

헤르페스 바이러스

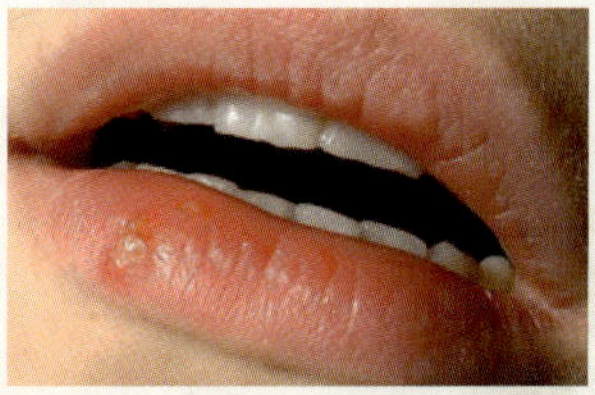

헤르페스 바이러스 감염 증상

바이러스 중에는 우리 몸에 숨어서 평생을 같이 가는 녀석들도 있어요. 피곤할 때 입술 주위로 작은 물집이 생기는 사람들이 있지요? 그건 바로 헤르페스 바이러스 때문이에요. 헤르페스 바이러스는 한번 감염되면 평생 동안 우리 몸속에 살아요. 우리 몸이 건강할 때는 괜찮지만, 피곤하거나 영양 상태가 좋지 않을 때는 어김없이 세력을 키워서 나타난답니다. 입가, 입안, 손이나 눈가에 수포가 생기는데, 접촉을 통해서 쉽게 옮을 수 있어요. 하지만 증상이 심하지 않고, 대개는 일주일 정도면 없어지지요. 인류의 반 정도는 이미 헤르페스 바이러스와 함께 살아가고 있어요. 아직은 예방주사도 없기 때문에 면역력을 키우고 몸을 깨끗이 하는 것만이 예방법이랍니다.

조류 인플루엔자는 새들이 옮기는 질병인가요?

원래 한 종류의 병원체가 모든 종류의 생명체에게 감염되는 것은 아니에요. 예를 들어, 집에서 기르는 강아지가 홍역 같은 감염병에 걸렸다고 해서 사람에게 홍역이 옮는 것은 아니랍니다. 돼지에만 감염되는 인플루엔자 바이러스도 있고, 닭이나 오리 같은 조류에만 감염되는 인플루엔자 바이러스도 있어요. 그 바이러스들이 사람에게 병을 일으키지는 않아요.

그런데 돼지나 조류의 인플루엔자 바이러스가 돌연변이를 일으켜 다른 종류의 동물에게까지 영향을 미치는 경우가 있어요. 원래 조류 인플루엔자는 새에게 발생하는 독감 같은 감염병인데, 사람에게까지 전염되어 치명적인 증상을 일으키는 병원체로 변신했답니다.

사람에게 전염되는 조류 인플루엔자 바이러스를 '고병원성 바이러스'라고 부릅니다. 2003년부터 중국을 비롯한 동남아시아 지역과 아프리카 등지에서 조류 인플루엔자로 총 359명이 목숨을 잃었어요. 조류 인플루엔자 바이러스에 감염되면 고열, 기침, 호흡 곤란 외에도 신경증상이 나타나 의식을 잃을 수 있어요.

호기심이 번쩍!

조류 인플루엔자 바이러스는 사람에게 전염되지 않는 '저병원성 바이러스'와 사람에게 위험한 '고병원성 바이러스'로 나눌 수 있어요. 고병원성이란 바이러스가 일으키는 질병의 치사율이 높고 전파 속도가 빠르다는 뜻이에요.

닭을 키우는 양계장이나 닭을 도축하는 도계장처럼 조류와 가까이에서 일하는 사람들은 조류 인플루엔자 바이러스에 감염될 위험이 높기 때문에 조심해야 해요. 또한 철새도 조류 인플루엔자 바이러스를 퍼뜨릴 수 있어요. 철새가 지나가는 길목에 있는 농장에서 칠면조나 오리 같은 조류가 바이러스에 감염되기도 해요. 아시아에서 발생한 조류 인플루엔자가 철새의 이동을 따라 터키와 동유럽까지 전염된 경우도 있다고 합니다.

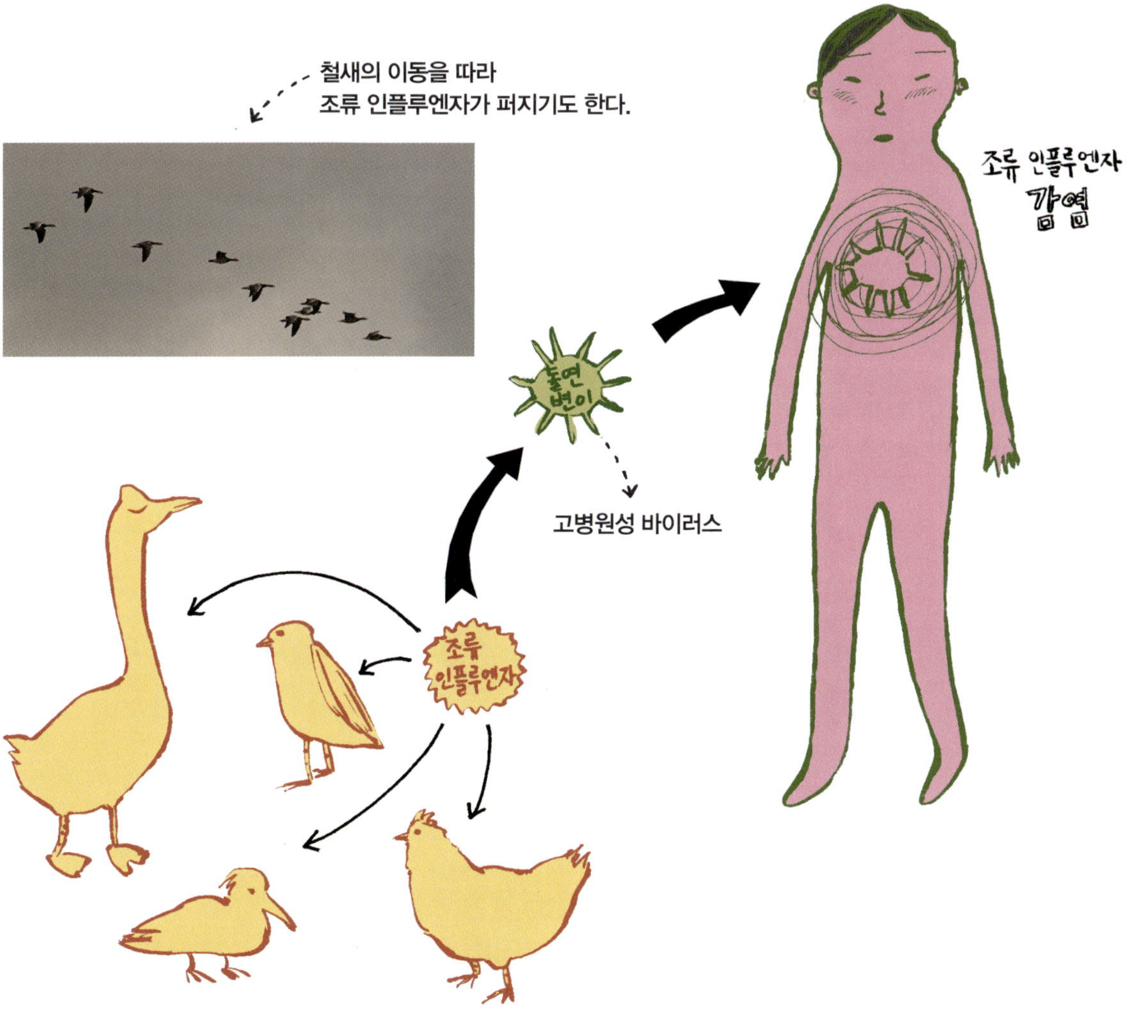

구제역은 어떤 동물에게 퍼지는 감염병인가요?

우제류의 '우'는 짝수,
기제류의 '기'는 홀수를 뜻해.

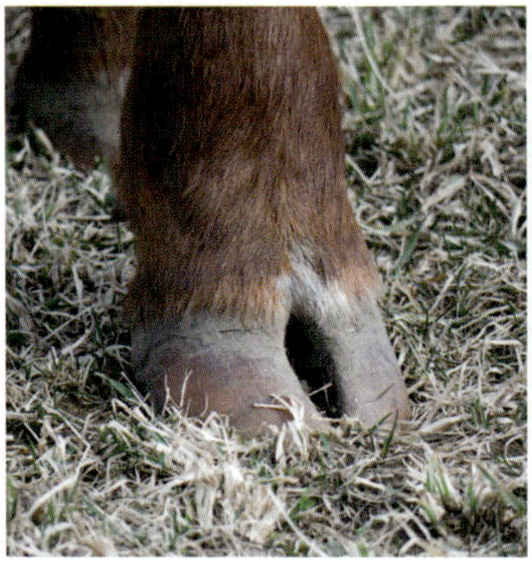
소(우제류)의 발굽

말(기제류)의 발굽

구제역은 소, 돼지, 양, 사슴 등 발굽이 둘로 갈라진 우제류에 속하는 동물에게 퍼지는 감염병이에요. 발굽이 하나인 말이나 당나귀, 낙타 등의 기제류 동물은 구제역에 걸리지 않지요. 구제역에 걸린 동물은 입안에 물집이 생기고, 침을 많이 흘리며, 발굽이 헐어서 제대로 서 있기가 힘들어져요. 치사율은 5~55%에 달하지요.

구제역을 일으키는 바이러스는 다행히도 사람에게는 잘 옮지 않아요. 또한 구제역 바이러스는 70℃ 이상으로 가열하면 모두 죽기 때문에 구제역에 감염된 가축이라도 완전히 익혀서 먹으면 사람이 구제역에 감염될 가능성은 거의 없지요.

구제역은 한번 발생하면 매우 빠르게 번지기 때문에 축산 농가에 많은 피해를 입힐 수 있어요. 그래서 병에 걸리지 않은 다른 가축들을 보호하기 위해 병에 걸린 동물들을 살처분합니다. 우리나라에서는 2010년 겨울에 발생한 구제역으로 인해 엄청난 피해를 입었어요. 농가에서는 병에 걸린 돼지와 소를 300만 마리나 살처분했어요. 살처분한 소와 돼지는 모두 소각하거나 땅속 깊이 묻어서 감염병이 더 이상 전파되지 않도록 막지요. 그런데 이렇게 땅속에 묻는 과정에서 제대로 처리가 되지 않으면 동물의 사체가 부패하면서 주위의 지하수나 토양을 오염시킬 수도 있답니다. 따라서 환경에 피해가 없도록 철저하게 관리하는 것이 중요해요.

구제역 바이러스는 농장에 드나드는 사람이나 차량을 통해 다른 곳으로 쉽게 전파될 수 있어요. 그래서 구제역이 발생한 지역에서는 도로마다 초소를 세우고 지나가는 차를 일일이 소독해요. 그리고 구제역이 발생한 농장에 출입하지 못하도록 까다롭게 통제하지요.

구제역 백신과 구제역 청정국

처음 구제역이 발생했을 때 병에 걸리지 않은 가축에 빨리 백신을 주사해야 병이 퍼지는 것을 막을 수 있어요. 하지만 백신을 사용할 경우, 구제역에서 안전하다는 '구제역 청정국'에서 빠지기 때문에 쇠고기나 돼지고기 같은 축산물을 다른 나라에 수출하기가 어려워져요. 2010년 우리나라에 구제역이 발생했을 때 이러한 경제적 판단 때문에 백신 사용을 미루고 방역과 살처분만 하다가 구제역이 더 크게 확산되고 말았답니다.

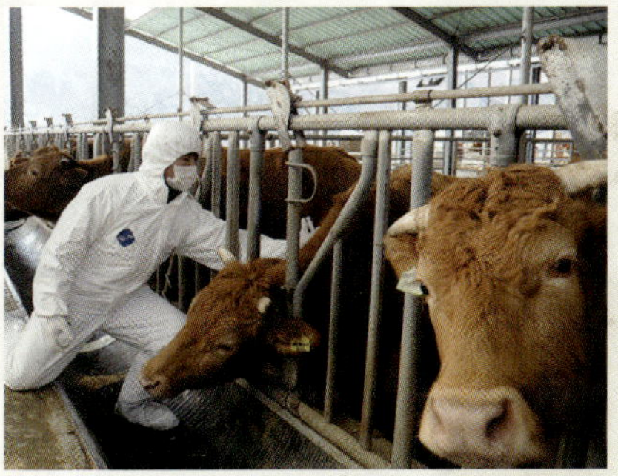
구제역 백신 접종

광우병은 어떤 질병인가요?

1986년 영국에서는 소가 갑자기 침을 흘리고 비틀거리다 죽어 버리는 병이 발생했어요. 죽은 소를 부검해 보니 소의 뇌에 스펀지처럼 작은 구멍들이 뚫려 있었지요. 이 병은 광우병이라고 불렸어요. 과학자들은 광우병을 일으키는 병원체가 바이러스보다 훨씬 작은 단백질인 프리온이라는 것을 밝혀냈어요. 원래 프리온은 뇌세포 활동에 중요한 단백질인데, 이것이 변형을 일으켜 무서운 병원체가 된 거예요. 하지만 프리온은 기존의 병원체와는 많이 다르기 때문에 그 특성은 여전히 의문투성이입니다.

호기심이 번쩍!

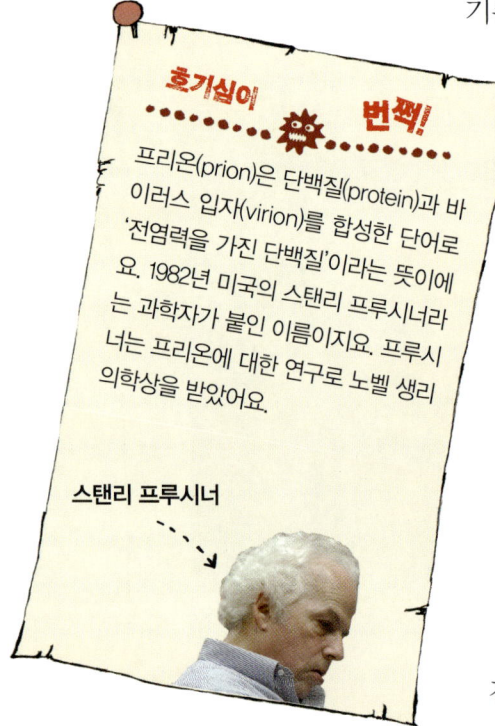

프리온(prion)은 단백질(protein)과 바이러스 입자(virion)를 합성한 단어로 '전염력을 가진 단백질'이라는 뜻이에요. 1982년 미국의 스탠리 프루시너라는 과학자가 붙인 이름이지요. 프루시너는 프리온에 대한 연구로 노벨 생리의학상을 받았어요.

스탠리 프루시너

광우병은 양에게 나타나는 스크래피라는 질병과 증상이 비슷해요. 그래서 과학자들은 양의 뼈를 원료로 만든 소의 사료 때문에 이 병이 소에게로 옮겨 왔다고 의심하고 있어요. 그런데 사람에게서도 소의 광우병과 매우 유사한 질병이 발견되었어요. 크로이츠펠트 야콥병이라고 이름 붙인 이 질병 역시 프리온에 의해 발생한다고 알려져 있어요. 우리나라에서 지난 10년간 확인된 크로이츠펠트 야콥병 환자는 총 9명이었지만 진단이 어렵기 때문에 환자는 그보다 훨씬 많을 거

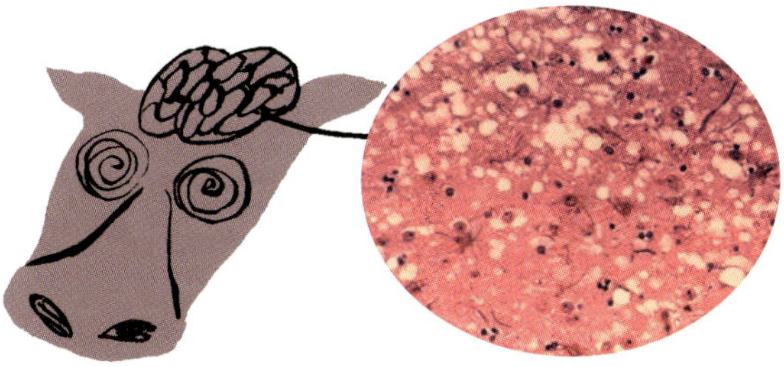

광우병에 걸린 소의 뇌 조직에는 스펀지 같은 구멍이 생긴다.

라고 해요. 이 병에 걸리면 어지럽고 눈이 잘 보이지 않는 등 감각이 둔해지다가 뇌의 기능이 마비돼요. 병에 걸리는 원인은 확실히 밝혀지지 않았지만 유전적인 영향으로 발생하기도 하고 병원에서 오염된 수술 도구 사용으로 다른 환자에게 옮겨 가기도 해요.

최근에 과학자들은 광우병에 걸린 소의 고기를 먹고 사람이 크로이츠펠트 야콥병과 유사한 질병에 걸릴 수 있다고 의심하고 있어요. 이런 경우 '변종 크로이츠펠트 야콥병'이라고 불러요. 여전히 과학자들은 소의 광우병과 인간의 감염 가능성에 대해 서로 다른 의견을 내놓으며 연구를 계속하고 있답니다.

광우병 이슈

현대의 소 도축장

2008년 우리나라에서는 미국산 쇠고기 수입 협상이 있었는데 광우병은 큰 논란거리가 되었어요. 미국은 광우병이 발생하는 나라이기 때문에 어떤 조건의 쇠고기를 수입하도록 허락할 것인지, 어떤 경우에 수입을 중단할 것인지에 대해 의견이 충돌했지요. 이처럼 감염병은 국가 간의 무역에서 중요한 이슈가 되기도 합니다. 광우병의 원인으로 지목된 변형 프리온은 소의 뇌와 척수, 편도, 십이지장, 내장 등에 주로 많이 있어요. 그래서 우리나라는 미국산 쇠고기를 수입할 때 생후 30개월 이상 된 소는 피하고 변형 프리온이 많이 축적될 수 있는 부위를 제외하고 있지요.

에이즈에 대한 연구는 얼마나 진행되었나요?

후천성면역결핍증이라는 질병을 줄여서 에이즈(AIDS)라고 부르는데, 이 병을 일으키는 병원체는 인간면역결핍 바이러스(HIV)입니다. 인간면역결핍 바이러스는 우리 몸의 면역을 담당하는 T세포를 망가뜨려요. 그러면 바깥에서 세균이나 바이러스가 들어왔을 때 이겨 내기가 힘들어져요. 따라서 감기 같은 사소한 병에만 걸려도 회복이 어렵고, 폐렴 같은 큰 병으로 발전할 수 있어요.

1980년대 에이즈라는 질병이 처음 알려졌을 때는 원인이 무엇인지, 어떻게 치료해야 하는지 몰랐어요. 그래서 사람들은 더더욱 공포에 휩싸이고 에이즈 환자들을 죄인 취급하기도 했어요. 과학자들은 아프리카에 살고 있는 원숭이로부터 에이즈 바이러스가 사람에게 옮아 왔다고 의심하고 있지만 아직 원인이 완전히 밝혀진 것은 아니에요.

에이즈 바이러스는 오염된 혈액을 수혈받아 전염될 수 있기 때문에 병원에서 혈액 관리에 주의를 기울여야 해요. 또 임신 중인 여성이 에이즈에 걸리면 배 속의 아기에게 옮을 가능성이 커요. 하지만 과학자들의 연구 덕분에 지금은 면역력을 유지시킬 수 있는 치료약이 개발되어 에이즈 환자들의 평균 수명이 꾸준히 연장되고 있어요.

대륙 가운데 에이즈 환자가 가장 많은 곳은 아프리카예요. 더욱 안타까운 것은 어린이 환자가 많은 수를 차지하고 있다는 것이에요. 또한 에이즈로 부모를 잃은 어린이들의 수가 2,000만 명을 넘어섰어요. 현재 에이즈는 치료약을 꾸준히 먹으면 생명을 유지할 수 있는 질병이지만 약값을 감당할 수 없는 가난한 사람들은 그저 죽음을 기다릴 수밖에 없지요.

그래서 세계 여러 나라와 국제기구에서는 이런 가난한 나라의 에이즈 환자들, 특히 어린이 환자들을 돕기 위해서 함께 노력하고 있어요. 우리나라 정부와 기업들도 이런 노력에 동참하고 있지요. 전 세계 사람들은 '에이즈가 없는 세상'을 목표로 힘을 합하고 있고, 이런 노력 덕분에 세계적으로 어린이 에이즈 환자의 수가 점점 줄어들고 있답니다.

에이즈 치료약

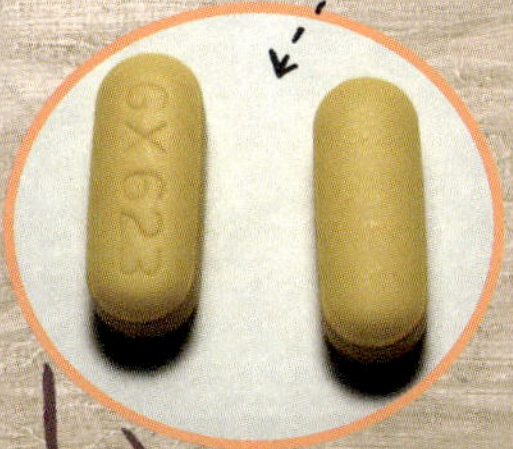

에이즈 예방을 위한 국제적인 노력

국제연합(UN)은 세계 각국의 에이즈 관리와 예방을 위해 1996년 에이즈 전담 기구를 만들었어요. 그것이 바로 유엔에이즈계획(UNAIDS)이랍니다. 유엔에이즈계획은 전 세계 각 나라에 에이즈 관련 정보를 빠르게 전하고, 에이즈가 확산되는 것을 방지하며, 에이즈 환자를 지원하는 활동도 펼치고 있어요.

에이즈 퇴치 캠페인의 상징인 레드리본

무균박사 특강 4

병원균을 실어 나르는 비행기?

과학이 발달하기 전인 옛날에는 어느 마을에 감염병이 돌면 그 주변까지 초토화되는 건 시간 문제였지. 사람들은 감염병의 원인조차 알지 못했고, 제대로 된 치료약도 없었으니까.

그런데 오늘날 감염병은 마을을 중심으로 퍼져 나가지 않아. 사스 바이러스의 경우만 봐도, 발생지는 중국이지만 7개월 만에 홍콩, 타이완, 캐나다, 미국 등 32개국으로 퍼져 나갔거든.

이유는 바로 사람들의 외국 여행이야. 말이나 마차를 타고 여행하던 시절과는 비교도 할 수 없을 만큼 지금은 교통수단이 발달했어. 비행기만 타면 세계 어디든 하루도 안 걸려서 갈 수 있지. 그런 만큼 외국으로 여행이나 출장을 떠나는 사람들도 아주 많고.

잠복기에는 증상이 나타나지 않으니까 감염병에 걸린 줄도 모르고 비행기를 탄다면?

사스가 퍼진 사례가 바로 그 결과야. 비행기가 병원균을 실어 나르는 셈이지. 큰 배도 마찬가지고. 그래서 감염병이 돌면 공항과 항만에서는 검역을 해. 감염 환자가 그 나라에 들어와서 다른 사람들에게 병을 옮기지 않도록 하기 위해서지.

교통수단의 발달이 한편으로는 감염병의 확산 경로가 된다니……. 모든 일에는 이렇게 좋은 면과 나쁜 면이 겹쳐 있는 것 같아.

5장 지구 곳곳에서 발생하는 신종 감염병

우리나라에 들어온 중동의 감염병, 메르스

2015년 5월 중동에 다녀온 한 사람이 갑자기 열이 많이 나고 숨 쉬기가 힘들어졌어요. 처음에는 폐렴이나 감기가 아닐까 생각했지만, 우리나라에서 발생한 적이 없는 낯선 질병이었지요. 그래서 정부와 병원 관계자들은 환자를 다른 사람들과 접촉하지 못하도록 하는데 실패했어요. 이 병은 빠른 시간 안에 많은 사람들에게 옮겨지고 사회적으로 큰 문제가 되었지요. 약 6개월 동안 186명이 감염되었고, 안타깝게도 그중 38명이 사망했어요. 이 감염병이 바로 중동호흡기증후군인 메르스예요.

메르스 바이러스

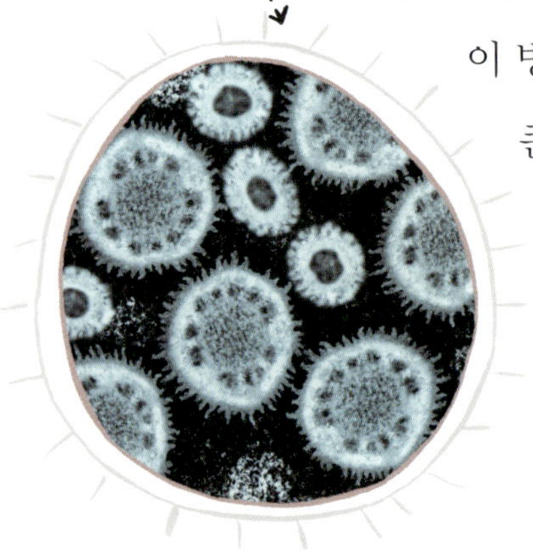

메르스는 2012년에 처음 알려졌어요. 메르스를 일으키는 바이러스는 사스와 마찬가지로 코로나 바이러스예요. 사실 메르스 바이러스가 어떻게 사람에게 감염되었는지는 아직 정확히 알려져 있지 않아요. 전문가들은 중동에 사는 낙타로부터 옮겨온 것은 아닌지 의심하고 있답니다. 지금까지 가장 많은 환자가 발생한 곳은 사우디아라비아예요. 중동이 아닌 다른 지역에서는 중동을 다녀왔던 사람들이나 이들과 접

메르스를 옮긴다고 의심되는 낙타

촉한 사람들에게서 감염 증상이 나타났어요.

메르스 바이러스는 사람에서 사람으로 신체 접촉을 통해서 전염돼요. 손을 잡거나 가까운 거리에서 말을 하거나 기침할 때 침이 튀면서 바이러스가 옮겨 간답니다. 그래서 국내 첫 메르스 감염자가 병원에 있는 줄 모르는 동안 병문안을 다녀갔던 많은 사람들이 감염되었어요.

메르스 바이러스에 감염되고 약 5일 정도의 잠복기가 지나면, 열과 기침이 나며, 숨 쉬기가 어려워져요. 바이러스는 2주일 동안 증상이 없이 숨어 있을 수도 있어요.

국내 메르스 환자 발생 현황

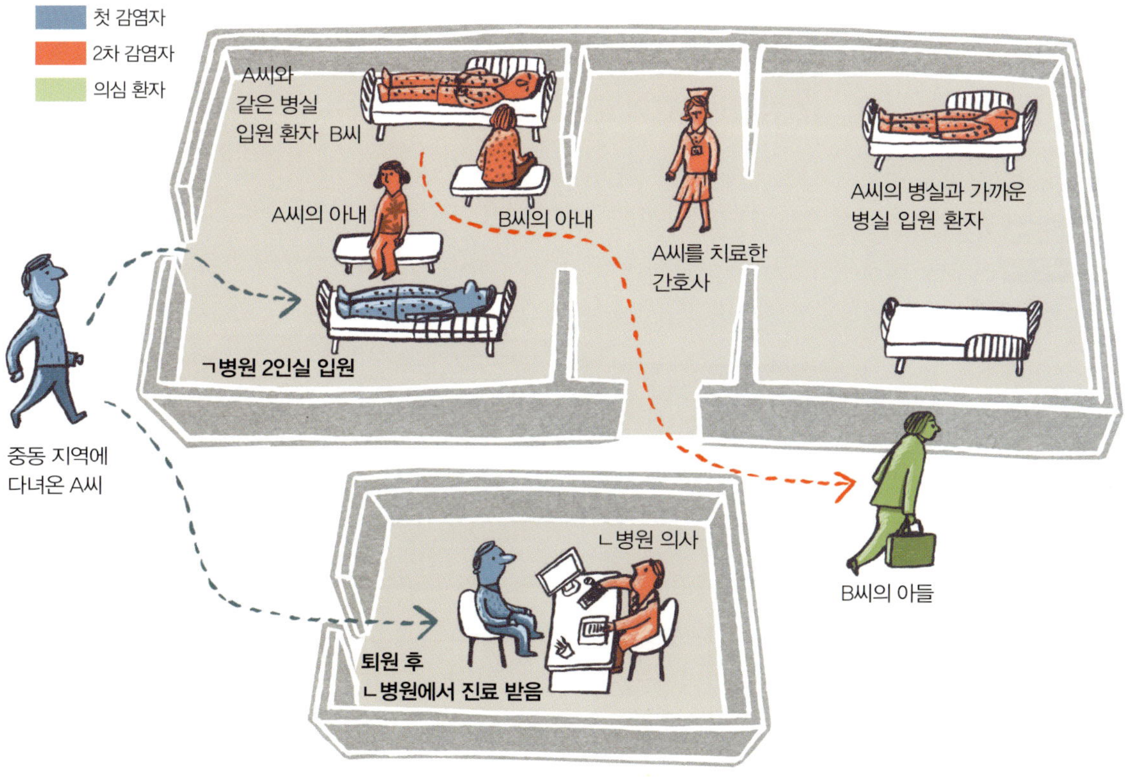

당뇨병이나, 신장병, 폐 질환이 있는 사람들은 증상이 더 심할 수 있어요. 메르스로 인해 사망한 사람들은 대부분 이와 같은 병을 앓고 있었다고 해요.

메르스 같이 우리가 잘 모르는 신종 감염병이 발생했을 때는 주의해야 해요. 환자들을 진료하거나 환자들과 접촉하는 의사나 간호사, 병원직원, 응급차의 구조요원들이 바이러스에 노출될 가능성이 높지요. 감염자가 발생하면 감염자가 접촉했을 가능성이 있는 모든 사람들을 조사합니다. 만약, 한 가족 내에 감염자가 있으면 나머지 가족들도 반드시 검사를 받아야 해요. 혹시라도 감염자와 접촉했을 경우에는 우선 보건소에 신고하고, 잠복기 동안 외출을 하지 않고 증상이 나타나지는 않는지 잘 살펴보아야 해요.

메르스처럼 신종 감염병 환자들을 입원시키는 병원은 특별한 시설을

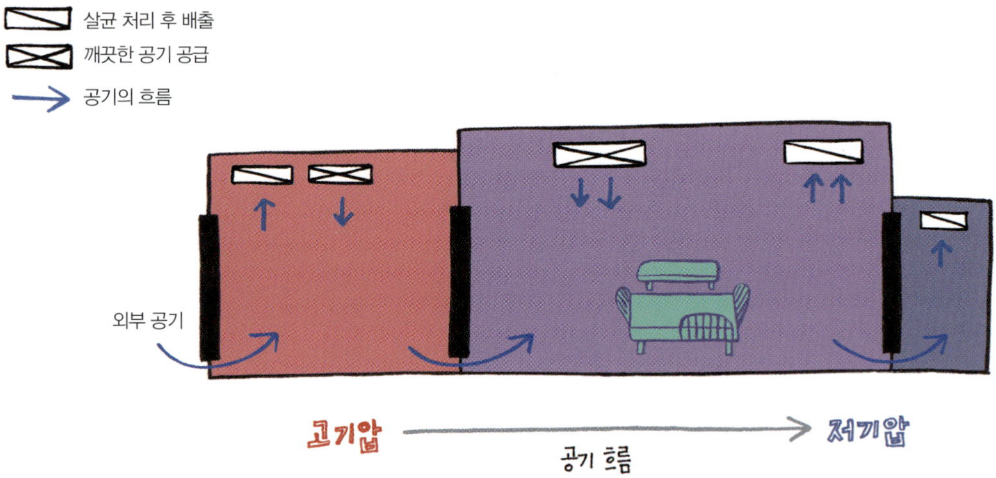

〈음압 병실의 기본 구조〉

갖추고 있어요. 바이러스에 감염된 사람들이 다른 사람들과 만나지 않도록 별도의 병실이 마련되어 있지요. 이 병실은 바깥보다 기압이 낮아서 병실 내 공기가 병실 밖으로 흘러나갈 수 없어요. 그래서 바이러스가 차단되지요. 이런 병실을 음압 병실이라고 해요. 또한, 환자들이 언제라도 위험한 상태에 빠질 수 있기 때문에 응급 의료 시설도 병실 내에 별도로 설치되어 있어요. 이 병실은 허가 받은 사람들만이 보호 장구를 착용하고 드나들 수 있어요.

메르스 예방법

메르스는 무서운 병이에요. 사람에서 사람으로 감염되기 때문에 공공장소에서 사람들을 만나는 것은 피하고, 사람이 많은 곳을 다닐 때도 조심해야 해요. 그럼 메르스를 예방하기 위한 방법을 알아볼까요?

손을 깨끗이 씻는다.

외출 시 마스크를 착용한다.

발열 증상이 나타나면 반드시 마스크를 착용하고, 병원에서 진료를 받는다.

재채기를 할 때에는 입을 가린다.

공포의 출혈열을 일으키는 에볼라 바이러스

에볼라 강은 아프리카 중부 콩고 지역을 흐르는 강이에요. 그런데 1976년 이 지역에서 수백 명의 사람들이 무서운 병에 걸려 갑자기 죽어 갔어요. 감염된 사람들은 처음엔 독감에 걸린 것처럼 갑자기 열이 오르고, 두통과 현기증에 시달렸으며, 설사나 구토를 하기도 했어요. 또 온몸에 붉은 반점이 생기고 피가 나기도 했지요. 결국 바이러스가 퍼져 장기가 제대로 기능을 하지 못하면서 환자는 죽음에 이르렀어요. 과학자들은 이 무서운 병을 일으키는 병원체를 에볼라 바이러스라고 이름 붙였어요.

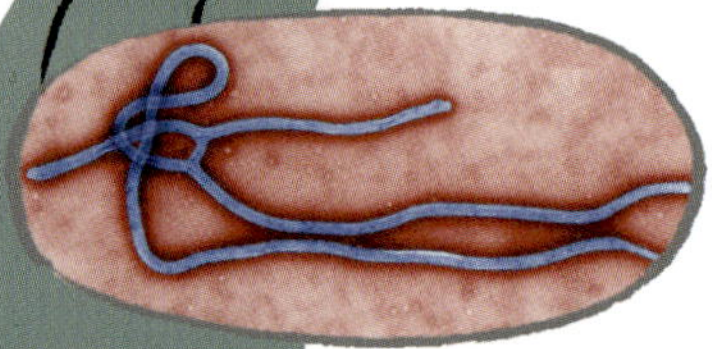
에볼라 바이러스

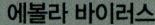

에볼라 바이러스는 감염되면 10명 중 6명은 목숨을 잃을 만큼 치명적인 병원체예요. 이 병에 대한 치료제와 백신은 아직 개발 중에 있어서, 확실한 치료법이 마련된 것은 아니지요. 특히 에볼라 바이러스는 사람뿐만 아니라 원숭이와 침팬지 등 다른 동물에게도 병을 일으킨답니다.

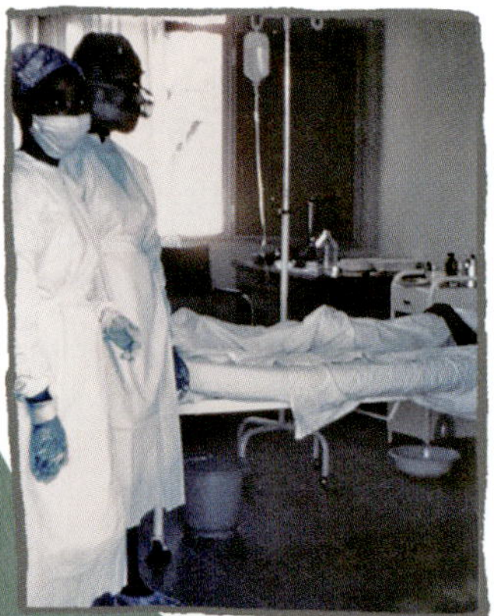
1976년 자이르의 에볼라 환자

에볼라 바이러스가 일으키는 출혈열은 몸에서 피가 나는 증상이 공포심을 주는 데다가 치사율이 매우 높아서 더욱 무서운 병으로 여겨지지요. 그래서 에볼라 바이러스를 소재로 한 여러 편의 공포 영화가 만들어지기도 했어요.

중앙아프리카 지역에서 주로 발행하던 에볼라 바이러스가 2014년에는 기니, 시에라리온 등의 서아프리카 지역에서 유행하고 있어요. 현재는 아프리카 지역에서 유행하고 있지만 다른 대륙도 안심할 수는 없어요. 세계 각국은 국제 연합(UN) 회의에서 에볼라 확산 방지를 위해 함께 노력하기로 뜻을 모았어요. 우리나라도 적극 참여하고 있답니다.

보호 장비

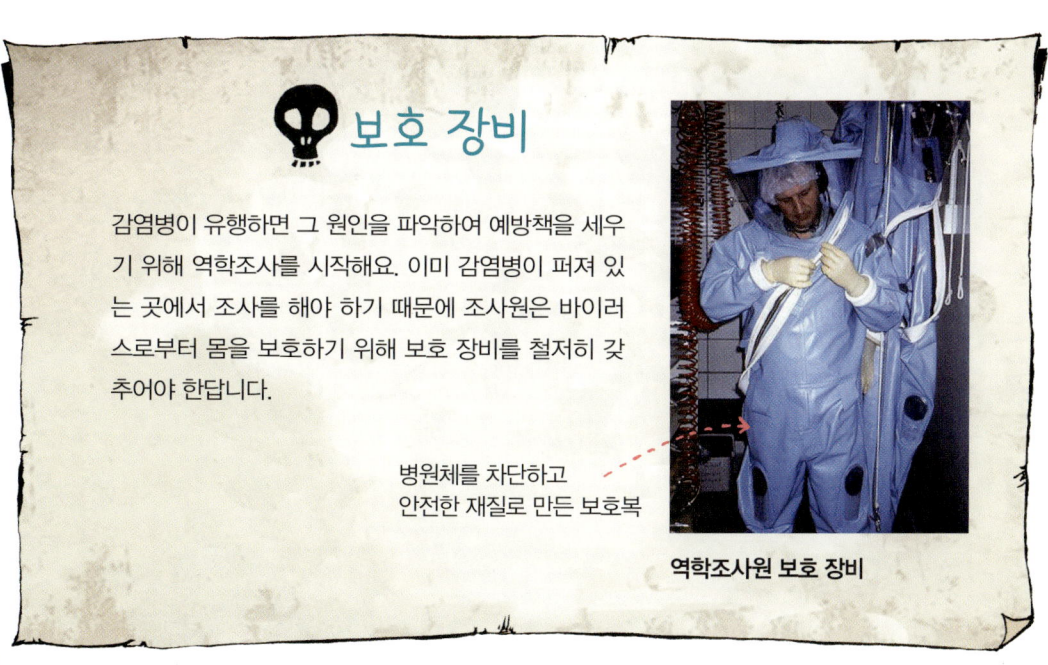

감염병이 유행하면 그 원인을 파악하여 예방책을 세우기 위해 역학조사를 시작해요. 이미 감염병이 퍼져 있는 곳에서 조사를 해야 하기 때문에 조사원은 바이러스로부터 몸을 보호하기 위해 보호 장비를 철저히 갖추어야 한답니다.

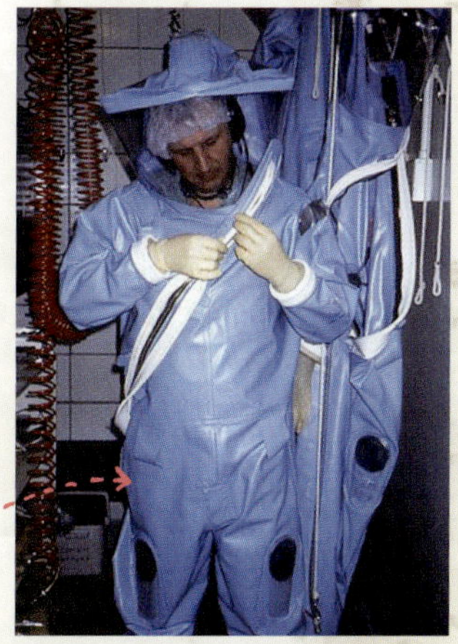

역학조사원 보호 장비

뉴욕에 뇌염을 유행시킨 웨스트나일 바이러스

1999년 여름, 미국 뉴욕에서 까마귀들이 죽은 채 발견되기 시작했어요. 동물원 수의사들은 걱정이 이만저만이 아니었지요. 야생 까마귀들을 병에 걸리게 한 병원체가 혹시라도 동물원의 새들에게 전염될 수도 있었으니까요. 까마귀들을 죽게 한 질병은 뇌염이었는데, 수의사들은 그 원인 바이러스를 알아내기 위해 조사를 벌였어요.

그런데 몇 달 후 뉴욕 시민들마저 원인을 알 수 없는 뇌염에 걸렸어요. 뉴욕에 퍼진 뇌염이 까마귀의 질병과 연관되어 있음을 알아낸 것은 벌써 많은 사람들이 피해를 입고 난 뒤였답니다.

뉴욕에 뇌염을 유행시킨 바이러스가 바로 웨스트나일 바이러스입니다. 모기가 옮기는 웨스트나일 바이러스는 1937년 우간다의 웨스트나일 지역에서 처음 발견된 것으로, 원래 기온이 높은 열대 지방에서만 발견되어 왔어요. 그런데 지구 온난화가 진행되면서 예전에는 바이러스가 영향을 미치지 않았던 지역까지 퍼지게 되었지요.

사실 뉴욕은 웨스트나일 바이러스의 영향권과는 거리가 멀다고 생각했기 때문에 당시만 해도 뇌염의 확산을 예상치 못했어요. 하지만 지금은 매년 미국에서만 수백에서 수천 명에 이르는 뇌염 환자가 발생하고 있습니다. 지구 온난화가 계속된다면 아마도 열대의 더 많은 질병들이 우리가 사는 지역으로 옮겨 오게 될 거예요.

우리나라에서는 아직까지 웨스트나일 바이러스 뇌염 환자는 없었어요. 하지만 바이러스는 보이지 않는 위험이므로 안심할 수 없지요. 특히 모기가 많은 여름에는 더욱 조심해야 해요. 뉴욕에서와 같은 실수를 되풀이하지 않기 위해서 수의사와 의사들은 함께 일을 하고 있어요. 철새나 야생동물들에게 갑자기 질병이 퍼진다거나 했을 때는 혹시 사람에게도 전염될 수 있는 바이러스가 아닌지 철저히 조사를 한답니다.

호기심이 번쩍!

웨스트나일 뇌염에 감염된 새의 피를 빤 모기가 사람을 물면 사람도 같은 병에 걸려요. 열이 나고 머리가 아프다가, 심하면 실명을 하거나 몸이 마비를 일으키고 사망에 이르지요. 아직까지 백신은 개발되지 않았기 때문에 모기에 물리지 않도록 조심하는 것이 가장 좋은 예방법입니다.

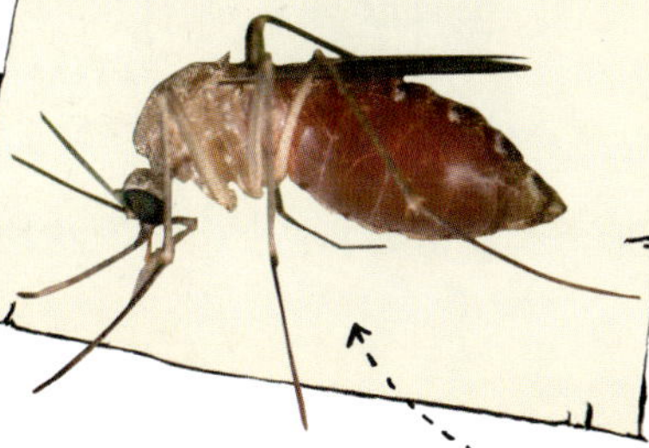

웨스트나일 바이러스를 옮기는 모기

박쥐가 옮긴 니파 바이러스

박쥐는 새처럼 날아다니지만 조류가 아니라 포유류(젖먹이동물)예요. 낮에는 어두운 숲이나 동굴에 있다가 해가 지면 활동을 시작하기 때문에 예로부터 박쥐에 대한 오해가 많이 있었어요. 박쥐가 피를 빨아 먹는다거나 사람을 해친다거나 하는 얘기들이죠. 하지만 사실 대부분의 박쥐는 곤충을 잡아먹거나 과일을 먹어요. 말이나 소 같은 가축의 피를 빠는 흡혈박쥐의 종류는 매우 드물고 그 수도 적답니다.

그런데 이런 박쥐가 무서운 감염병을 퍼뜨린 경우가 있었어요. 1998년 말레이시아의 니파라는 지역에서 사람들이 정체 모를 감염병에 걸려 1년 사이에 100여 명이 목숨을 잃었어요. 뇌염과 증상이 비슷한 이 질병은 돼지 농장에서 일하던 사람들에게서 시작된 것으로 밝혀졌어요. 그래서 과학자들은 신종 플루처럼 돼지의 인플루엔자 바이러스가 돌연변이를 일으켰다고 생각했지요. 이 돌연변이 바이러스에는 니파 바이러스라는 이름이 붙었어요.

하지만 니파 바이러스를 추적하다 보니 놀랍게도 박쥐가 범인이었어요. 사람들이 박쥐의 서식지를 망가뜨리면서 시작된 일이었지요. 서식지를 잃은 박쥐가 살 곳과 먹을 것을 찾아 날아다니다가 돼지 농장에 드나들게 되면서 박쥐의 바이러스가 돼지에게 먼저 감염이 되었어요. 그리고 곧 농장에서 일하던 사람들에게 퍼진 거지요. 안타깝게도 예방 백신은 아직 개발되지 않았어요.

이보다 몇 년 전 호주에서는 박쥐의 바이러스가 말에 전염되고 다시 사람에게 전염되는 일이 일어났어요. 병에 걸린 사람 중 절반 이상이 사망에 이르는 이 치명적인 감염병의 원인은 헨드라 바이러스로 밝혀졌지요. 박쥐에게는 헨드라 바이러스가 아무런 질병도 일으키지 않아요. 하지만 사람이 헨드라 바이러스에 감염되면 뇌염 증상을 일으켜요. 다행히도 헨드라 바이러스에 감염된 사람이 다른 사람에게 직접 바이러스를 옮길 수는 없어요. 호주에서는 헨드라 바이러스 백신을 개발하는 데 성공했어요. 그래서 말과 가까이 지내는 사람은 반드시 예방주사를 맞도록 법을 정했답니다.

말레이시아와 호주에서 질병을 옮긴 박쥐는 사실 아주 넓은 지역에 퍼져 살고 있어요. 그래서 어쩌면 다른 곳에서 새로운 바이러스가 박쥐를 통해 사람에게 전염되는 일이 생길지도 모르지요.

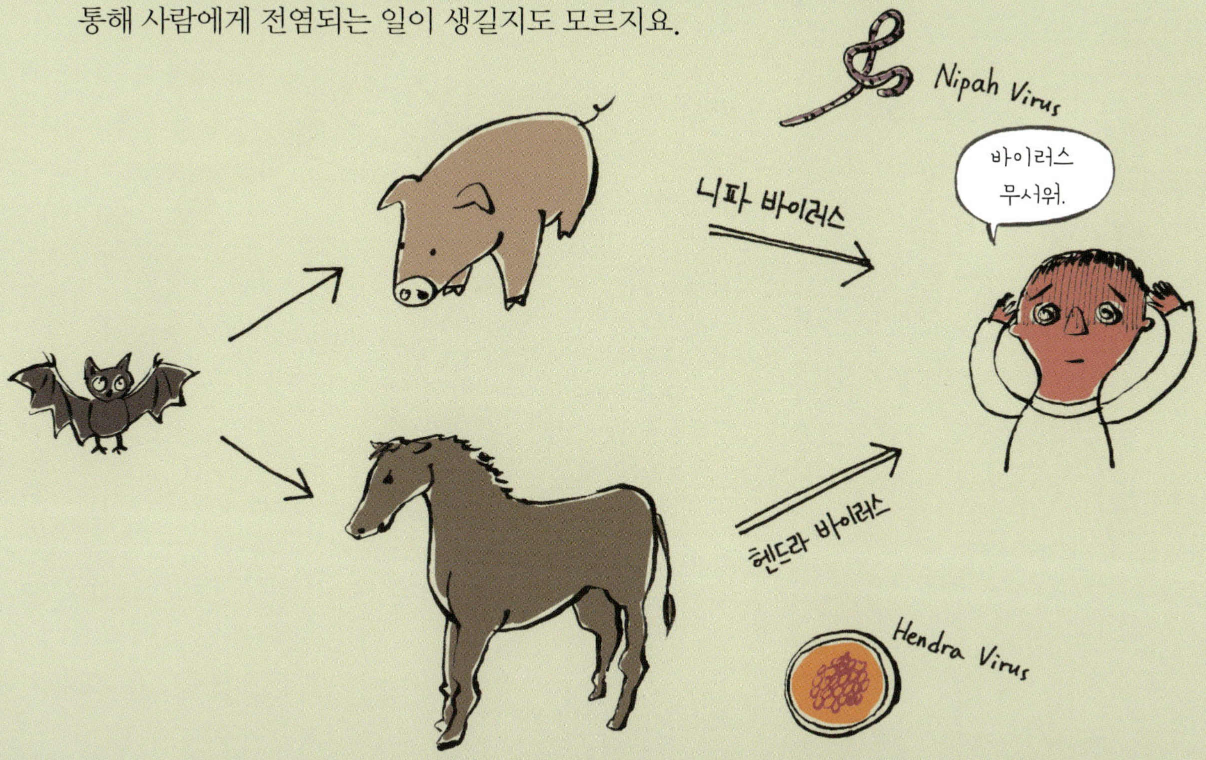

무균박사 특강 5

신종 감염병 발생 지도

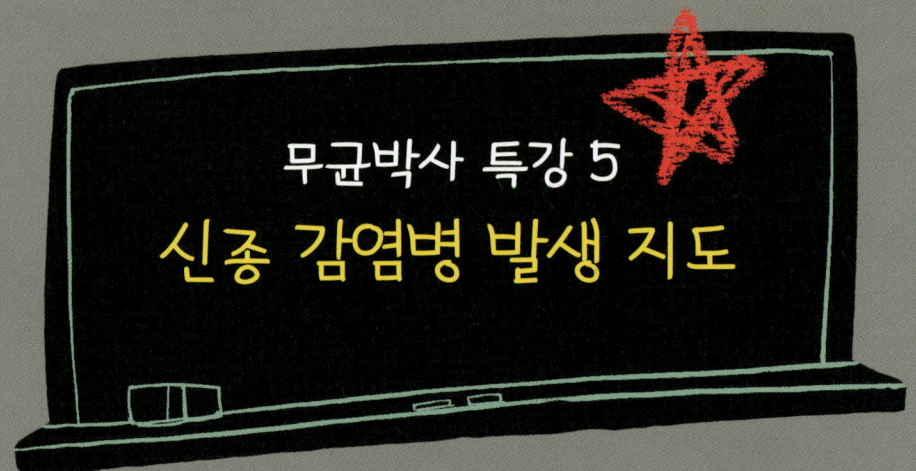

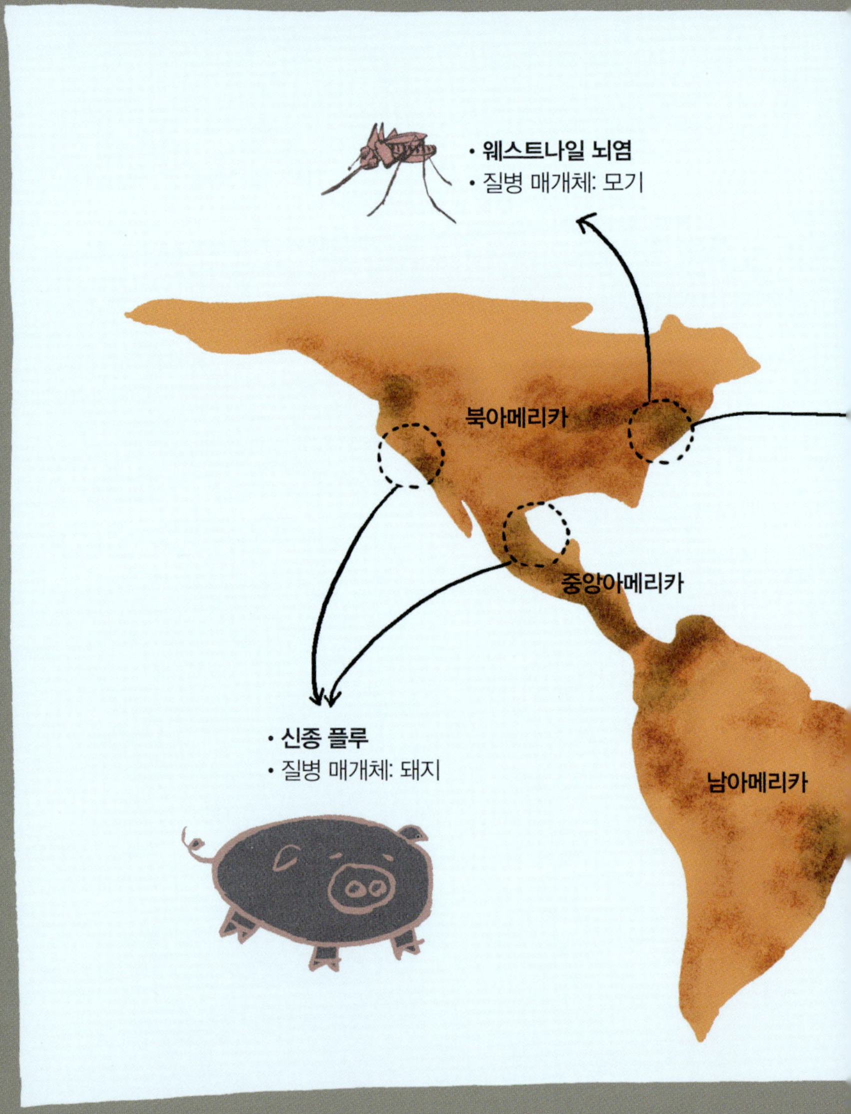

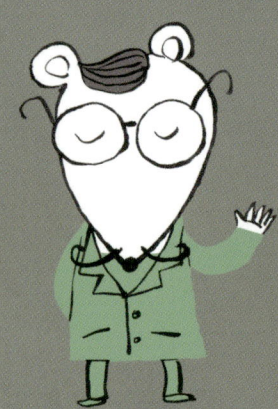

때로는 인간이 전에 경험한 적 없는 신종 감염병이 발생하기도 해. 세계의 감염병 연구소에서는 이러한 감염병들을 감시하고 추적하고 있지.

그리고 과학자들이 모여서 특별한 지도를 만들었어. 위험한 신종 감염병이 발생했던 지역을 표시한 것이 바로 아래의 지도야. 이 지도를 만들 때 나를 불러 주지 않은 건 좀 섭섭한 일이지만……. 쩝.

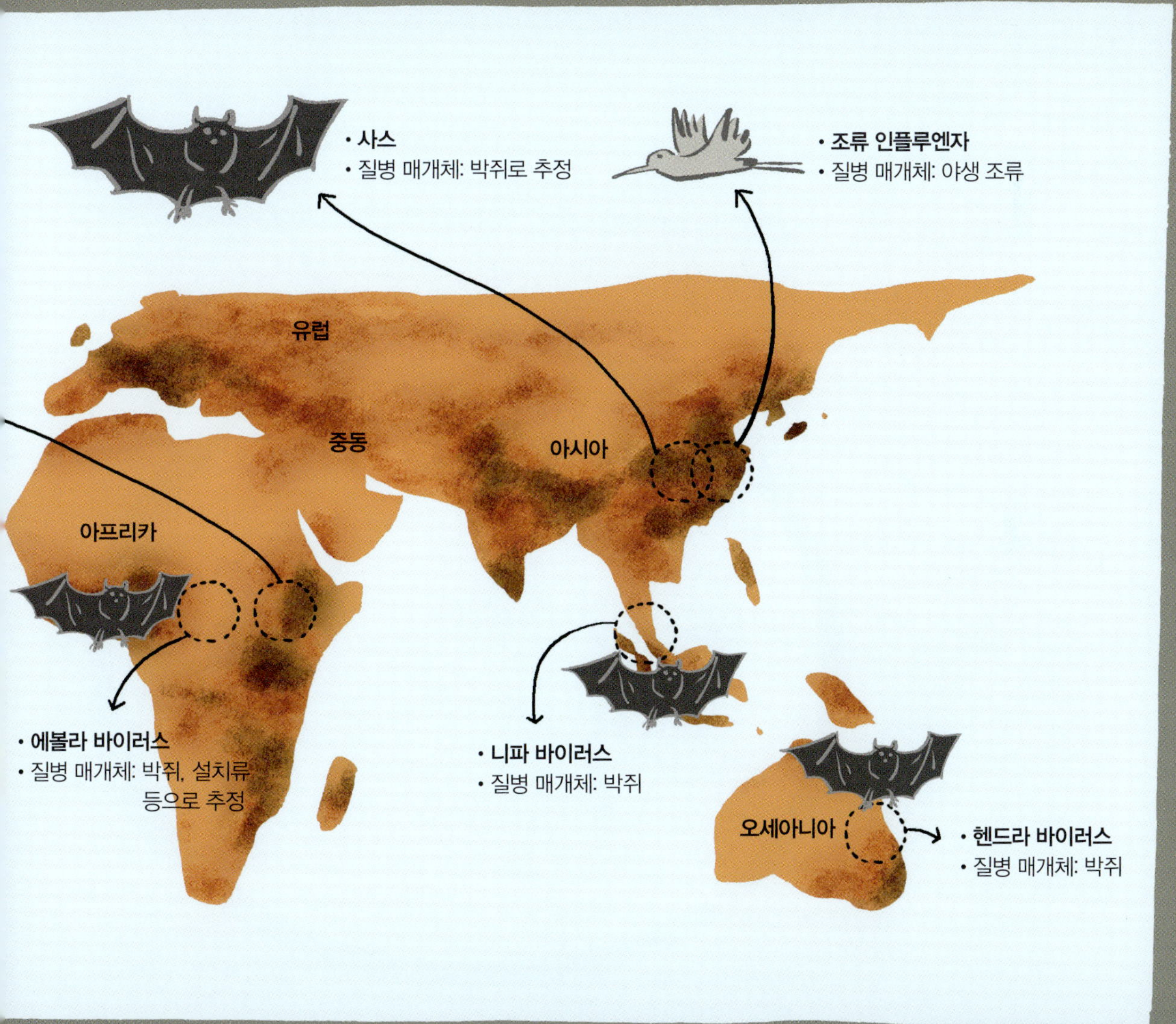

6장 질병의 예방과 관리

배탈을 일으키는 미생물은 무엇인가요?

여름엔 익히지 않은 생선이나 조개를 먹지 말라고 하죠? 그건 바로 비브리오 패혈증 때문이에요. 짠 바닷물에서 잘 자라는 비브리오균은 콜레라균과 사촌뻘이에요. 그래서 비브리오균에 오염된 음식을 먹으면 배가 아프고 구토와 설사가 나는 등 콜레라와 비슷한 증상이 나타나요. 또 피부에 빨간 물집이 잡히고 열도 심하게 나지요. 음식 외에 주의해야 할 것이 더 있어요. 몸에 상처가 있을 때 바닷물에 들어가면 안 된다는 거예요. 비브리오 패혈증은 음식뿐만 아니라 상처를 통해서도 감염될 수 있거든요.

날씨가 더워지면 세균들이 잘 번식하기 때문에 음식이 쉽게 상하고 그로 인해 배탈이 나는 경우가 많아요. 그런데 겨울에도 배탈이 날 수 있어요. 추운 날씨에 힘이 더 세지는 노로 바이러스가 원인 중 하나랍니다. 노로 바이러스는 음식물뿐만 아니라 물건이나 사람 손에 묻어 있다가 입으로 옮겨 갈 수 있기 때문에 전염성이 더 강해요.

보통 바이러스들은 가열하면 없어지기 때문에 음식을 끓이거나 완전히 익혀서 먹으면 괜찮아요. 노로 바이러스 역시 100℃에서 1분만 가열해도 살아남지 못해요. 노로 바이러스가 유행 중이라는 뉴스를 들으면 우리가 날것으로 먹는 음식을 특히 조심해야 해요. 굴이나 생선 등은 반드시 익혀 먹도록 하세요.

대장균 O157

1982년 미국 오리건주와 미시건주에서 햄버거를 먹은 사람들이 갑자기 배가 아프고 피가 섞인 설사를 했어요. 특히 어린이 환자들이 많이 발생했지요. 원인을 조사한 결과, 제대로 익히지 않은 햄버거 고기에 들어 있던 대장균 O157이 식중독을 일으켰던 거예요. 대장균 O157은 알파벳과 숫자를 합성하여 붙인 이름으로 '대장균 오 일오칠'이라고 읽습니다. 대장균은 70℃ 이상 온도에 노출되면 모두 죽기 때문에 음식을 잘 익혀 먹는 것이 중요해요. 그런데 물이나 주스, 채소는 익혀 먹지 않는 경우가 많기 때문에 야채 샐러드나 오렌지 주스를 통해서 대장균 O157이 퍼졌던 적도 있답니다.

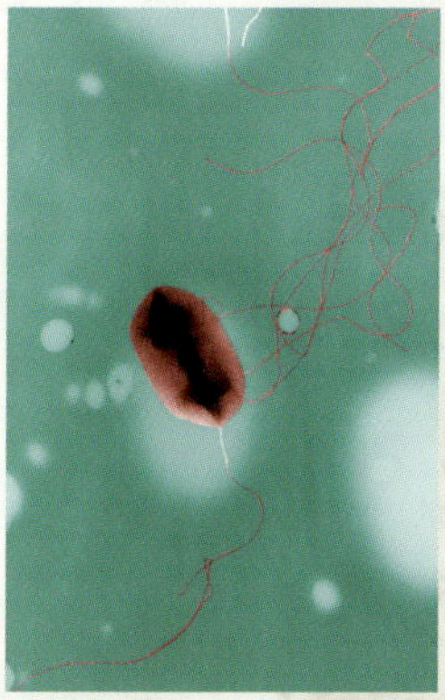
대장균 O157

기생충에 감염되면 어떻게 하나요?

여러분의 엄마, 아빠가 초등학교에 다닐 때 가장 싫었던 일이 무엇이었는지 여쭤보세요. 어쩌면 기생충 검사라고 말씀하실지도 몰라요. 그 당시에는 해마다 봄과 가을에 대변을 검사 봉투에 넣어 학교에 냈거든요. 학생들이 각자의 대변 봉투를 가져온 날은 교실 공기가 왠지 찝찝했을 거예요.

당시에는 우리나라 국민 10명 중 8명이 기생충에 감염되어 있었어요. 회충이나 요충, 십이지장충 같은 다양한 기생충에 시달렸지요. 하지만 지금은 기생충에 감염된 사람이 거의 없어요. 기생충이 살거나

호기심이 번쩍!

회충이나 흡충 같은 기생충은 세균이나 바이러스처럼 우리 몸에 들어와 기생해요. 기생충은 크기가 미생물보다 훨씬 커서 육안으로 식별할 수 있는 경우가 많고, 분류상 기생동물에 속하지요. 그런데 세균보다는 크기가 크되 육안으로는 보이지 않는 원충류의 기생충도 있어요. 말라리아 원충이 대표적인 원충류 기생충입니다.

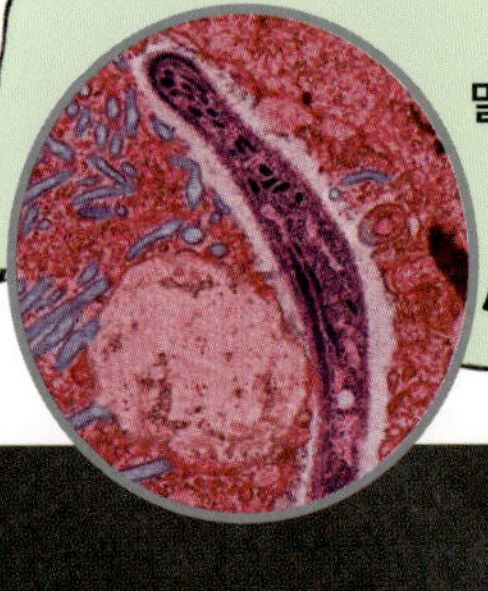
말라리아 원충

우리에게 감염될 수 있는 환경이 사라졌기 때문이지요. 위생적이지 못한 재래식 화장실이 현대식 화장실로 바뀌었고, 상수도도 깨끗하게 관리하고 있답니다.

기생충은 우리 몸속에서 허락도 받지 않고 영양분을 마음대로 사용해요. 그리고 기생충이 우리 몸 안에서 알을 낳으면 이 알이 대변을 통해 몸 밖으로 나오게 돼요. 기생충 알은 흙이나 다른 동물에 숨어 살다가 다시 우리 몸으로 들어오지요. 그래서 주위 환경을 깨끗이 하고 손을 잘 씻는 것이 중요해요.

기생충은 잘 익히지 않은 돼지고기나 민물고기를 통해서도 감염될 수 있어요. 갈고리촌충은 돼지의 근육 속에서 어린 시절을 보내는 기생충이에요. 보통은 돼지고기를 77℃ 이상으로 가열하면 기생충이 죽기 때문에 문제가 되지 않아요. 그런데 완전히 익지 않은 돼지고기를 먹으면 이 기

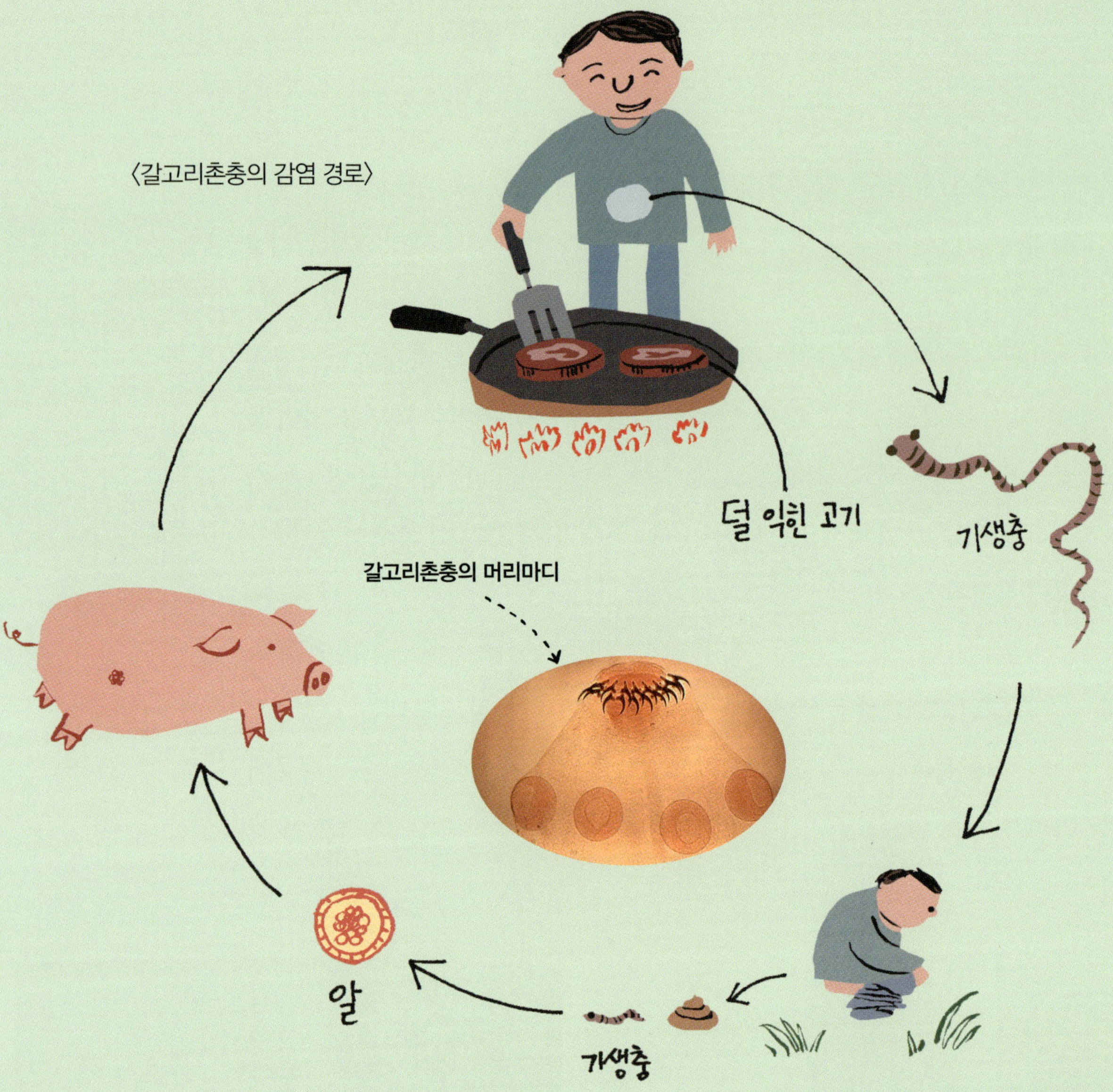

생충이 사람의 소장으로 들어와서 자라기 시작합니다. 그러면 배가 아프고 설사를 하게 돼요. 완전히 자란 갈고리촌충은 심장이나 뇌까지 이동해 갈 수 있어요. 갈고리촌충으로 인해 심장이나 뇌가 손상되면 발작을 일으키기도 하고, 심하면 사망에 이를 수도 있지요.

우리나라 사람들이 가장 흔하게 감염되는 기생충은 간흡충이에요. 간

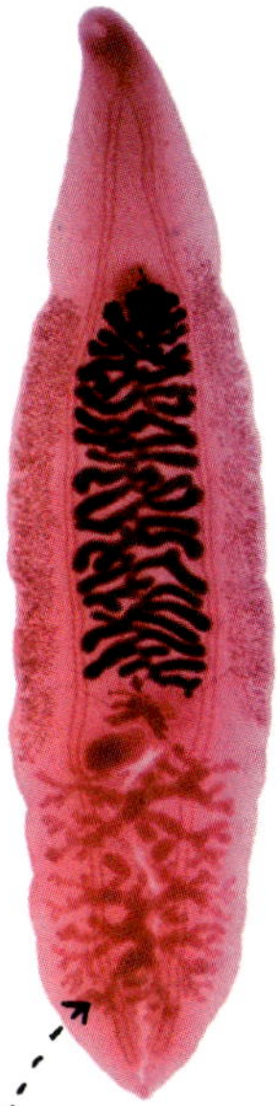

간흡충

흡충은 쇠우렁이에 붙어 살다가 붕어나 황어 같은 민물고기로 옮겨가서 더 자라요. 그리고 사람이 민물고기를 익히지 않고 먹었을 때 사람에게 감염되어 간에서 자리를 잡고 살아가요. 감염된 사람의 간은 기능을 제대로 할 수 없게 되는데, 간흡충을 오랫동안 치료하지 않으면 간암의 원인이 되기도 합니다.

기생충 감염을 예방하기 위해서 평소 돼지고기와 민물고기는 꼭 익혀 먹도록 하세요. 또 기생충 감염이 의심될 때는 의사 선생님과 상담해서 적절한 구충제를 먹어야 한답니다.

구충제는 정기적으로 먹어야 하나요?

현재 우리나라의 기생충 감염 환자는 20~30년 전과 비교해서 매우 줄어들었어요. 기생충이 감염될 수 있는 환경이 거의 사라졌기 때문이에요. 일반적인 환경에서는 기생충이 거의 없기 때문에 예방을 위해 약을 먹지는 않아요. 하지만 기생충 감염이 의심될 때는 반드시 의사 선생님의 진단을 받고 약을 먹어야 합니다.

동물의 병이 사람에게도 옮나요?

사람과 동물은 아주 오랜 옛날부터 함께 살아왔어요. 야생동물을 길들여서 키우는 것을 가축화라고 해요. 맨 처음 야생동물이었던 늑대를 길들여 사람과 함께 살기 시작했는데, 개의 조상이 바로 야생 늑대랍니다. 그 다음엔 염소와 소, 그리고 돼지 같은 가축들이 사람이 사는 곳에 머무르게 되었어요. 이렇게 동물과 사람이 가까이 살게 되면서 동물이 가지고 있던 세균과 바이러스가 사람을 공격하기 시작했어요. 어떤 병원체는 사람에게 옮겨 붙기 위해서 돌연변이를 일으키기도 했어요.

동물에게서 사람한테 옮을 수 있는 감염병을 '인수공통 감염병'이라고 해요. 인간과 동물이 함께 걸리는 병이라는 뜻이에요. 광견병은 개나 고양이 그리고 너구리, 박쥐 같은 야생동물이 걸리는 병이에요. 이 병에 걸린 동물이 사람을 물면 침을 통해서 광견병 바이러스가 옮게 되지요. 세계적으로는 매년 5만~6만 명이 광견병에 걸린다고 해요. 치료를 하지 않으면 사망에 이르는 무서운 병이지요. 혹시라도 야생동물에게 물리면 반드시 병원에 가서 광견병에 걸린 건 아닌지 진단을 받아야 해요. 또 최근에 야생 너구리가 먹이를 찾아 사람이 사는 곳으로

호기심이 번쩍!

광견병을 공수병이라고 부르기도 해요. 공수병은 '물을 무서워하는 병'이라는 뜻이지요. 광견병에 걸리면 근육에 경련이 일어나고 침을 흘리며 물을 무서워하는 증상을 보이기 때문에 그런 이름이 붙은 거예요. 사실은 바이러스가 신경계를 공격해서 근육에 마비가 오기 때문에 물 마시는 게 고통스러워져서 물을 피하게 되는 거랍니다.

내려오면서 집에서 기르는 개에게 광견병을 옮기는 일이 생기기도 한답니다.

그럼 강아지, 고양이와 함께 사는 게 위험하지 않냐고요? 강아지나 고양이가 산책을 하다가 야생동물에게 물리게 되면 병이 옮을 수 있지요. 그래서 집에서 기르는 동물은 일 년에 한 번씩 광견병 예방주사를 맞아야 해요. 최근 10년간 우리나라에서 사람이 광견병에 걸린 사례는 없지만 항상 조심해야 해요.

반려동물과 함께 사는 사람은 운동량이 많아지고 면역력이 높아지는 등 건강에 큰 도움이 된다는 연구 결과가 있어요. 또한 반려동물은 우울증이 있거나 사회성이 부족한 사람들에게도 도움을 준다고 해요.

동물과 행복하고 건강하게 살기 위해서는 몇 가지 주의해야 할 점이 있어요. 일반 가정에서 많이 기르는 강아지나 고양이도 사람처럼 많은 미생물을 가지고 있어요. 그중에서 몇 가지는 사람에게 병을 일으키기도 해요. 해로운 세균들이 침이나 똥, 오줌에 섞여 있을 수 있으니 이런 것들을 처리한 후에는 손을 깨끗이 씻어야 합니다.

햄스터나 거북이, 도마뱀 같은 작은 동물들을 기를 때도 마찬가지랍니다. 특히 살모넬라라고 하는 세

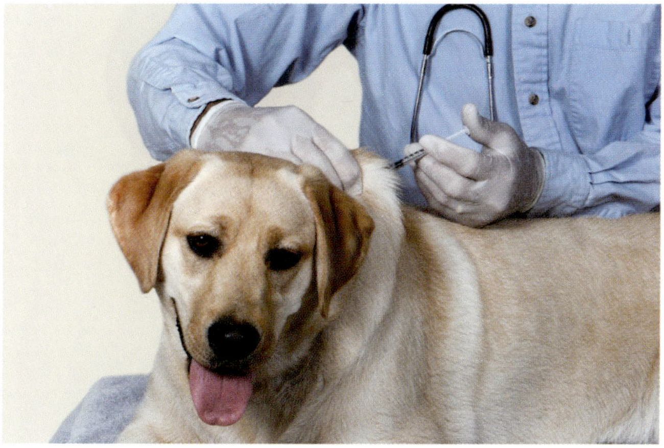

광견병 예방주사 맞는 개

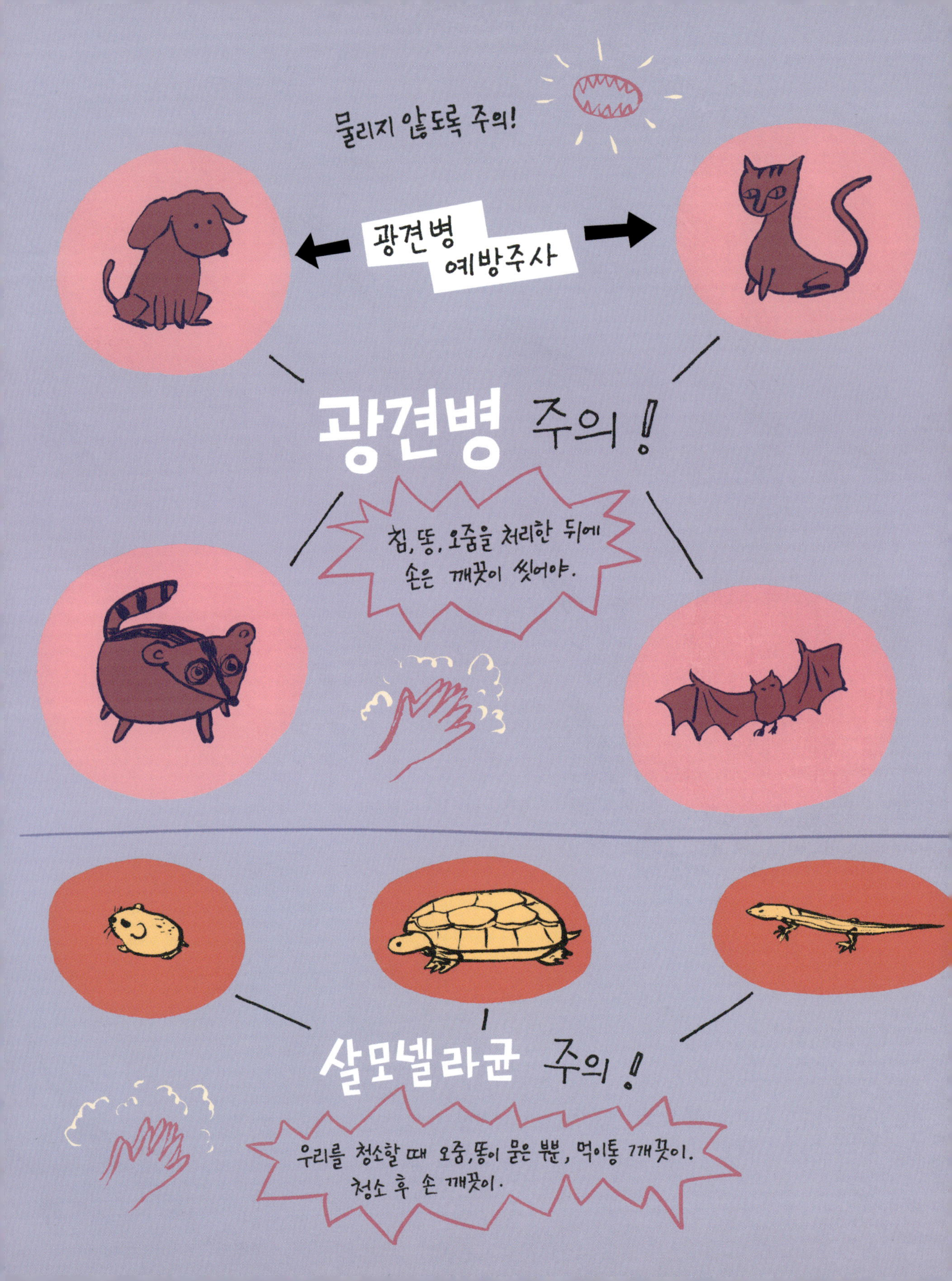
물리지 않도록 주의!
광견병 예방주사
광견병 주의!
침, 똥, 오줌을 처리한 뒤에 손은 깨끗이 씻어야.
살모넬라균 주의!
우리를 청소할 때 오줌, 똥이 묻은 부분, 먹이통 깨끗이.
청소 후 손 깨끗이.

균을 조심해야 해요. 살모넬라균은 사람에게 설사를 일으킬 수 있어요. 동물이 살고 있는 우리를 청소할 때는 오줌이나 똥이 묻어 있는 부분과 먹이통을 깨끗이 닦아 주어야 해요. 그리고 청소를 하거나 똥을 치운 다음에는 꼭 손을 씻도록 하세요. 동물이 갑자기 힘이 없거나 설사를 할 때는 곧바로 수의사에게 진찰을 받는 것이 좋아요.

지금으로부터 120여 년 전 프랑스의 과학자 파스퇴르는 광견병을 치료하는 백신을 개발하고 있었어요. 당시에는 많은 사람들이 광견병에 걸리곤 했는데, 변변한 치료약이 없었기 때문에 속수무책으로 죽음을 맞이할 수밖에 없었지요. 파스퇴르는 광견병에 걸려 죽은 토끼의 신경조직을 무균 상태의 병에 넣어 말려서 병원체를 약하게 만들었어요. 그리고 약해진 병원체를 건강한 개에게 주사했더니 이 개는 광견병에 면역이 생겼답니다.

어느 여름날 파스퇴르의 세균학 연구실에 개에 물려 광견병에 걸린 아홉 살 소년이 실려 왔어요. 소년의 어머니는 파스퇴르가 광견병을 연구하고 있다는 소문을 듣고 한 가닥 희망을 품고 찾아온 거였어요. 개의 광견병 면역 실험은 성공했지만, 그 백신이 사람의 광견병 치료에도 효과가 있을지는 파스퇴르 자신도 확신할 수 없었어요. 하지만 모두가 지켜보는 가운데 파스퇴르는 자신이 개발한 백신을 소년에게 2주일간 매일 주사했고, 마침내 소년은 무서운 병에서 회복되었답니다. 그 후로 파스퇴르는 1년간 무려 350명이 넘는 광견병 환자를 살려 냈어요. 광견병 백신 개발로 소중한 생명을 구한 파스퇴르는 지금까지 프랑스 국민들의 존경을 받고 있답니다.

감염병을 수사하는 역학조사단

조류 인플루엔자나 식중독이 발생했을 때 역학조사를 한다는 뉴스를 본 적이 있나요? 역학은 감염병을 연구하는 의학의 한 분야입니다. 그리고 감염병이 어떤 병원체 때문에 발생했는지, 그리고 어디로부터 병원체가 전염되어 왔는지를 알아내는 것을 역학조사라고 해요. 쉽게 말해, 감염병을 수사하는 거예요.

어떤 지역에서 여러 명이 집단으로 비슷한 증상을 보일 때 의사들은 이 질병이 전염성이 있는 것이 아닌지 의심을 합니다. 그럼 역학자들은 그 지역을 방문해서 환자와 환자의 가족들, 그리고 이웃 주민들을 만나 이야기를 나누고 자료를 모아요. 형사들이 탐문수사를 하는 것과 비슷하지요. 어떤 증상을 보이는지, 언제부터 아프기 시작했는지, 그 즈음에 어디에서 무엇을 먹었는지, 가족들 중에 또 아픈 사람은 없는지 설문지를 미리 준비해서 일일이 물어보아야 해요. 이것을 현장조사라고 한답니다.

환자들의 혈액이나 먹던 음식처럼 병원체가 있을지도 모르는 모든 자료를 실험실로 보내서 세균이나 바이러스가 있는지 검사를 해요. 그러는 동안 현장조사를 통해 모은 자료를 정리하고 분석하지요. 분석할 때는 지도 위에 환자의 위치를 표시해 보기도 해요. 그렇게 하면 병원체의 전염 경로라든가 확산 속도 등을 파악하기가 쉽지요. 이것은 1854년 런던에서 존 스노가 콜레라의 원인을 조사할 때 썼던 바로 그 방법이에요.

그리고 질병에 걸린 환자들의 수를 그래프로 만들어 보면 어떤 질병인지 추측해 볼 수 있어요. 아래 그래프처럼 환자 발생이 하루나 이틀에 걸쳐 집중되어 있으면 식중독이거나 독성 화학물질로 인한 사고일 경우가 많아요. 하지만 언덕 모양으로 서서히 환자가 늘어났다가 서서히 줄어드는 건 독감처럼 유행하는 전염성 질환일 가능성이 크지요.

존 스노

이렇게 역학조사가 끝나면 질병의 정체를 밝히고 확산을 막을 대책을 세웁니다. 다른 사람들이 같은 질병에 걸리지 않도록 기본적인 예방책을 알리고, 예방주사를 맞게 하기도 해요. 식중독이라는 결론이 났을 경우에는 세균이나 바이러스에 오염된 식품을 더 이상 팔지 못하도록 규제할 수도 있지요.

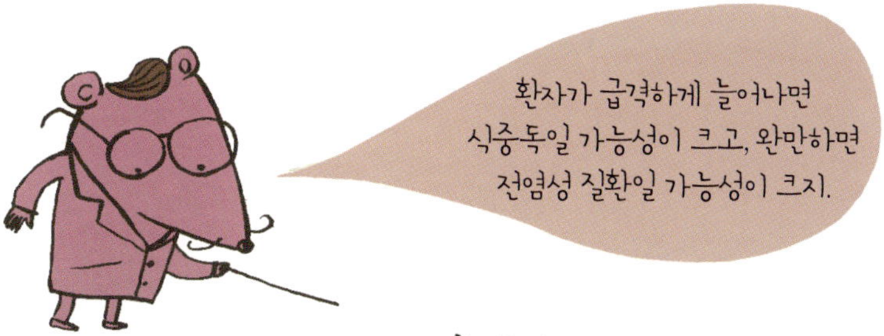

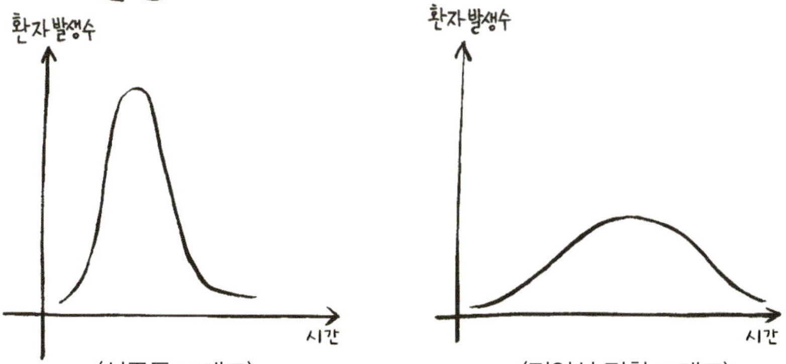

〈식중독 그래프〉 〈전염성 질환 그래프〉

국가가 관리하는 감염병에는 무엇이 있나요?

“필리핀에 여행을 다녀와 신종 플루에 감염된 20대 남성과 접촉한 일가족 4명이 모두 신종 플루에 감염된 것으로 전해졌습니다. 이 가족은 현재 인근 병원에 격리되어 치료를 받고 있습니다.”

뉴스에서 가끔 이런 소식을 들은 적이 있을 거예요. 우리나라에서는 법을 제정하여 감염병을 관리하고 있어요. 전파가 빠르고 위험한 감염병으로부터 국민을 보호하기 위해서지요. 그래서 감염병 환자가 발생하면 뉴스를 통해 사람들에게 알려서 조심하도록 해요.

만일 해외여행 후 열이 난다거나 평소와 다른 증상이 나타날 때에는 반드시 병원을 찾아 진단을 받아야 해요. 그리고 의사는 전염성이 있는 감염병 환자가 발생했을 때 반드시 보건소에 신고를 해야 합니다. 그렇지 않으면 벌금을 내야 하지요. 환자는 다른 사람과 접촉을 차단하는 격리 병상으로 옮겨져 치료를 받아요.

법으로 관리하는 감염병을 ‘법정감염병’이라고 하는데 총 6가지 종류로 구분되어 있어요. 전파되는 속도가 얼마나 빠른지, 얼마나 위험한지가 기준이지요. 1군에 속하는 것이 가장 위험한 감염병이랍니다. 2군에 속하는 감염병은 주로 초등학교 입학 전에 예방주사를 맞아야 하는 질병들이에요.

우리나라의 법정감염병

구분	유형	종류
제1급	생물테러감염병 또는 사망률이 높거나 집단 발생 우려가 커서 발생 또는 유행 즉시 신고하고 음압격리가 필요한 감염병	**17종** 에볼라바이러스병, 마버그열, 라싸열, 크리미안콩고출혈열, 남아메리카출혈열, 리프트밸리열, 두창, 페스트, 탄저, 보툴리눔독소증, 야토병, 신종감염병증후군, 중증급성호흡기증후군(SARS), 중동호흡기증후군(MERS), 동물인플루엔자인체감염증, 신종인플루엔자, 디프테리아
제2급	전파가능성을 고려하여 발생 또는 유행시 24시간 이내에 신고하고 격리가 필요한 감염병	**20종** 결핵, 수두, 홍역, 콜레라, 장티푸스, 파라티푸스, 세균성이질, 장출혈성대장균감염증, A형간염, 백일해, 유행성이하선염, 풍진, 폴리오, 수막구균 감염증, b형헤모필루스인플루엔자, 폐렴구균 감염증, 한센병, 성홍열, 반코마이신내성황색포도알균(VRSA)감염증, 카바페넴내성장내세균속균종(CRE)감염증
제3급	발생 또는 유행 시 24시간 이내에 신고하고 발생을 계속 감시할 필요가 있는 감염병	**26종** 파상풍, B형간염, 일본뇌염, C형간염, 말라리아, 레지오넬라증, 비브리오패혈증, 발진티푸스, 발진열, 쯔쯔가무시증, 렙토스피라증, 브루셀라증, 공수병, 신증후군출혈열, 후천성면역결핍증(AIDS), 크로이츠펠트-야콥병(CJD) 및 변종크로이츠펠트-야콥병(vCJD), 황열, 뎅기열, 큐열, 웨스트나일열, 라임병, 진드기매개뇌염, 유비저, 치쿤쿠니야열, 중증열성혈소판감소증후군(SFTS), 지카바이러스감염증
제4급	제1급~제3급 감염병 외에 유행 여부를 조사하기 위해 표본감시 활동이 필요한 감염병	**23종** 인플루엔자, 매독, 회충증, 편충증, 요충증, 간흡충증, 폐흡충증, 장흡충증, 수족구병, 임질, 클라미디아감염증, 연성하감, 성기단순포진, 첨규콘딜롬, 반코마이신내성장알균(VRE) 감염증, 메티실린내성황색포도알균(MRSA) 감염증, 다제내성녹농균(MRPA) 감염증, 다제내성아시네토박터바우마니균(MRAB) 감염증, 장관감염증, 급성호흡기감염증, 해외유입기생충감염증, 엔테로바이러스감염증, 사람유두종바이러스 감염증

감염병을 예방하는 가장 쉬운 방법이 있다고요?

우리는 손으로 많은 것을 잡고 만지지요. 보이지는 않지만 평소 우리 손에는 10만 개가 넘는 미생물이 살고 있답니다. 하루에 같은 버스 손잡이를 잡는 사람은 몇 명이나 될까요? 아마 수백 명도 넘을 거예요. 여러 사람들 손에 묻어 있던 세균이나 바이러스가 버스 손잡이에 묻을 수 있어요. 그럼 그 다음에 손잡이를 잡는 사람에게 다시 옮겨 가게 되겠지요.

버스나 지하철, 엘리베이터 안처럼 여러 사람이 모여 있는 곳에서 감기에 걸린 누군가 기침을 한다면 침이 튀겠지요? 입을 가리고 기침을 한다고 해도 바이러스는 손에 묻어 있다가 손잡이나 문고리 같은 곳으로 옮겨질 거예요. 그렇기 때문에 감기 환자가 외출을 할 때에는 마스크를 착용하는 것이 좋아요.

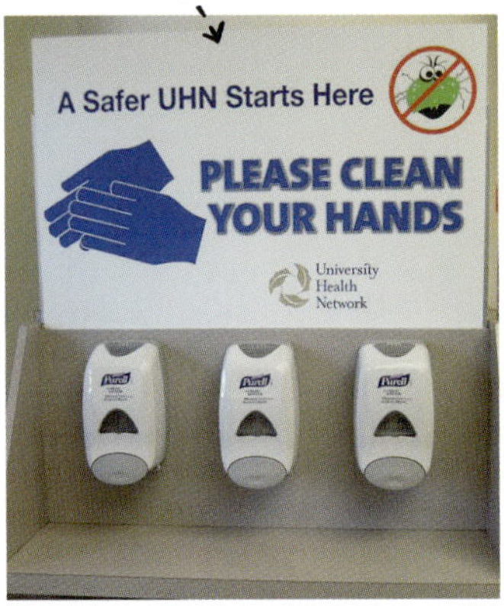

병원 입구에 비치된 손 세정제

또 요즘은 사람들이 스마트폰을 항상 가지고 다니는데, 내가 하루 종일 돌아다닌 곳에서 묻은 바이러스가 손을 통해서 스마트폰에 묻어 있을지도 몰라요. 사람은 깨어 있는 시간 동안 평균 1분에 두 번 정도 얼굴을 만진다고 해요. 그럼 더러운 손에 묻어 있던 바이러스가 눈이나 코로 들어갈 수도 있어요.

그런데 손을 씻으면 이런 세균이나 바이러스가 우리 몸에 들어올 틈이 없어요. 손을 씻는 것만으로도 감염

병을 예방할 수 있지요. 화장실에 갔다가 손에 물만 살짝 묻히는 것으로는 안 돼요. 손에 묻은 나쁜 미생물들을 떼어 내기 위해서는 올바른 방법으로 손을 씻어야 한답니다.

우선 흐르는 물로 손을 적신 후 비누나 소독제로 손을 잘 문질러 닦아야 해요. 손목, 손바닥, 손등, 손가락, 손톱 아래 등을 빠짐없이 세심하게 문질러 주세요. 그 다음에 흐르는 물로 잘 헹군 후 종이 타월이나 건조기로 손을 말립니다.

감염병을 예방하는 가장 기본적이고 쉬운 방법 손 씻기, 꼭 습관화하도록 하세요!

낯선 나라를 여행할 때는 풍토병을 조심해요

지구 반대편 아마존이나 적도에 가까운 동남아시아는 우리나라와는 환경이 매우 달라요. 일 년 내내 여름 날씨가 계속되고, 비도 많이 내리고, 키가 큰 나무와 풀이 자라며, 우리나라에서는 볼 수 없는 곤충과 동물들이 살고 있답니다. 그래서 그곳에는 우리에게 익숙하지 않은 세균이나 바이러스가 오래전부터 자리를 잡고 있었어요. 그러한 세균이나 바이러스가 일으키는 질병을 풍토병이라고 합니다.

그곳에 사는 사람들은 오랜 기간 풍토병에 적응해 왔기 때문에 어느 정도 면역력을 가지고 있어요. 하지만 그곳을 처음 방문하는 여행객들은 이런 풍토병에 훨씬 약할 수밖에 없지요. 인도네시아, 베트남, 필리핀 같은 동남아시아 지역에 갔을 때 걸릴 수 있는 가장 흔한 풍토병은 여행자 설사예요. 설사를 일으키는 대장균이나 바이러스로 인해서 하루나 이틀 정도 설사 증상이 나타나지요. 대개는 며칠 휴식을 취하면 낫기 때문에 위험하지는 않지만 수분을 충분히 보충해 주어야 해요. 또 그 나라에서만 나는 재료로 만든 음식을 먹을 때는 기생충이나 식중독에도 주의해야 해요.

호기심이 번쩍!

아프리카 여러 지역을 여행하기 위해서는 예방주사를 맞았다는 증명서나 예방약을 먹었다는 증명서가 필요할 수도 있어요. 예방접종은 전국 공항과 항구에 있는 검역소에서 할 수 있어요. 여행갈 곳에 어떤 풍토병이 위험한지 궁금하다면 해외여행질병정보센터(http://travelinfo.cdc.go.kr)에 접속해서 검색해 볼 수 있답니다.

말라리아와 황열과 뎅기열은 모기가 옮기는 감염병이에요. 모기가 많은 아프리카와 남아메리카 지역에 갈 때 주의해야 하는 질병이지요. 말라리아는 여행 2주 전부터 약을 먹어야 해요. 그리고 여행을 시작하고도 한 달간 계속해서 약을 먹어야 하지요. 황열을 예방하기 위해서는 여행 떠나기 10일 전에 예방주사를 맞아야 해요. 한 번 예방주사를 맞으면 10년 동안 면역이 생겨요. 뎅기열은 예방약이 없기 때문에 모기를 조심하는 수밖에 없어요. 자기 전에 침대 주위에 살충제를 뿌린 모기장을 치는 것이 가장 좋은 방법이랍니다.

중동과 아프리카, 남미 지역을 여행할 때는 A형 간염 예방주사를 맞아야 해요. A형 간염 바이러스는 물이나 음식을 통해서 전염되기 때문에 여행지에서는 완전히 끓인 물과 익힌 음식을 먹도록 하세요.

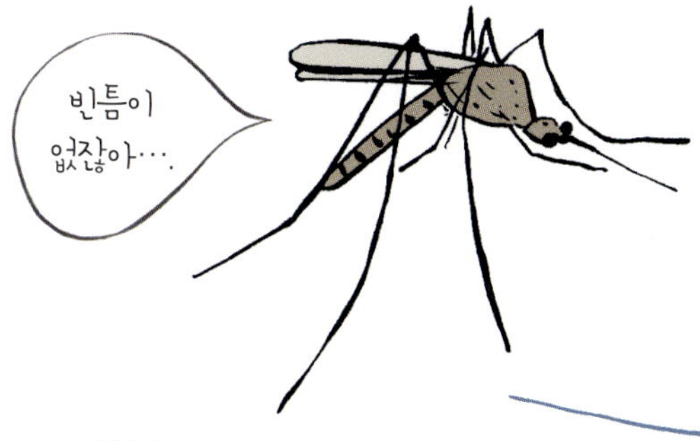

음식은 충분히 익혀 먹기

살충제를 뿌린 모기장 치기

아프리카에는 왜 약이 부족한가요?

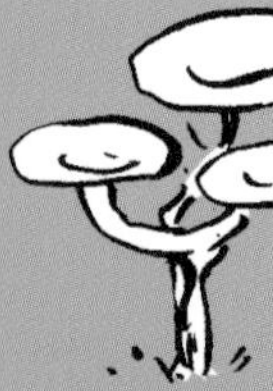

영양을 골고루 충분히 섭취하고 예방주사를 맞으면 감염병에 잘 걸리지 않아요. 하지만 여전히 가난한 나라에서는 먹을 것이 부족해서 사람들의 건강 상태가 좋지 않아요. 그러면 면역력 또한 약해져서 병원체인 세균과 바이러스의 침입을 물리칠 수가 없답니다. 아프리카에 결핵이나 에이즈, 기생충에 감염된 아이들이 다른 대륙보다 훨씬 많은 것은 그러한 까닭입니다.

우리나라에서는 아기 때부터 예방접종도 하고, 혹시 병에 걸리면 보건소에서 치료도 받을 수 있어요. 기생충 약도 매우 싼값에 살 수 있지요. 하지만 아프리카에서는 이러한 의료 서비스가 잘 갖추어져 있지 않고, 또 비용도 너무 비싸서 이용하기가 어려워요. 그래서 아프리카에서는 매년 6만 명의 환자가 결핵으로 죽어 간답니다. 안타깝게도 그중의 대다수는 어린이 환자예요.

또 아프리카에는 식수가 부족해서 아이들이 더러운 물을 마시다가 기생충에 감염되는 경우가 많아요. 아프리카 어린이 네 명 가운데 한 명은 몸에 기생충을 가지고 있다는 통계가 있어요. 기생충은 빈혈과 영양실조를 유발하고, 설사와 구토 증세를 일으키지요.

그런데 약을 만드는 선진국에서는 이런 질병이 더 이상 흔하지 않기 때문에 약을 많이 만들어 내지 않아요. 그러니까 약값은 더 비싸지게 돼요.

또 약을 개발한 회사가 특허를 가지고 있기 때문에 허가 없이는 마음대로 약을 만들 수도 없어요. 어쩔 수 없이 선진국에서 값비싼 약을 수입해야 하는 아프리카의 가난한 나라들은 어려움이 많을 수밖에 없지요. 이런 어려움을 해결하기 위해서 국제기구에서는 아프리카 지역에 항생제와 예방약, 구충제 등을 제공하기 위해서 노력하고 있습니다. 그러나 아직 도움의 손길이 닿지 않는 곳이 많기 때문에 지속적인 관심이 필요하답니다.

감염병을 막기 위한 노력

WHO 본부

질병을 퇴치하는 일은 어느 한 나라만이 해결할 수 있는 문제가 아니에요. 전 세계의 협력이 필요한 일이지요. 세계보건기구(WHO, World Health Organization)는 이런 국제적인 보건 업무를 조정하고 돕기 위해 만들어진 국제기구입니다. 스위스 제네바에 본부가 있어요. 1948년 창립 당시에는 26개였던 회원국이 지금은 194개로 늘었어요. 우리나라는 1949년 처음 가입했는데 2003년에서 2006년까지는 한국인으로서는 최초로 이종욱 박사가 사무총장을 지내기도 했지요. WHO 말고도 국제연합 산하의 식량기구(FAO), 세계동물보건기구(OIE)도 감염병을 막기 위해 함께 노력하는 국제기구들이에요.

무균박사 특강 6

역학조사에 나서다

서울 시내 한 초등학교 학생 수십 명이 집단 식중독 증세를 보이는 사건이 발생했어. 나도 역학조사팀에 합류해 달라는 연락을 받았지. 우선 학생들의 토사물을 채취해서 식중독을 일으킨 원인이 뭔지 조사를 시작했어. 그리고 학생들에게 최근에 뭘 먹었는지도 물어보았지.

학생 1 : 너무 많은데……. 급식이랑 햄버거랑 떡볶이, 어묵…….

학생 2 : 급식, 어묵, 튀김이요.

학생 3 : 학교 앞 분식집에 자주 가요. 거기 어묵 메뉴가 새로 생겼는데 대박이에요.

학생 4 : 맞아요. 어묵 인기 짱이라서 늦게 간 애들은 못 먹었어요.

무균박사 : 흠, 어묵이라…….

식중독에 걸린 학생들을 모두 만나 보니 공통적으로 먹은 것이 급식이랑 어묵이더군. 급식은 이 학교 학생 전부가 먹었을 테니 수십 명보다 더 많은 환자가 발생했을 테지. 그러니 유력한 원인은 바로 분식집의 어묵!

조사팀은 어묵을 수거해서 식중독균 검사를 했어. 그 결과 어묵에서 기준치를 넘는 병원성 대장균이 검출되었지.

분식집 주인 : 냉동어묵의 유통기한이 지났는데 익히면 괜찮겠지 싶어서……. 정말 잘못했습니다.

무균박사 : 당분간 영업정지입니다! 먹는 걸 가지고 장난치면 못 써요!

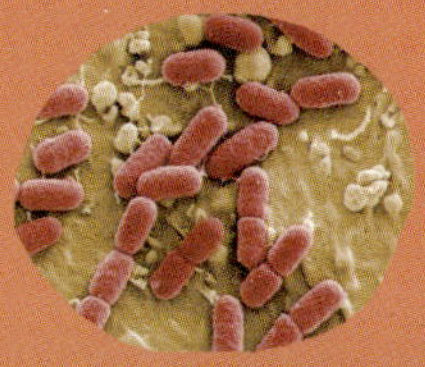

이번 역학조사 보고서 완료!

7장 감염병은 진화 중

슈퍼 박테리아란 무엇인가요?

폐렴에 걸리면 기침이 심하게 나고 숨 쉬기가 힘들어져요. 주사를 놓거나 약을 먹어서 폐렴을 일으키는 세균이 활동하지 못하게 막아야 하지요. 그런데 만약 이 세균이 돌연변이를 일으켜서 어떤 주사나 약도 소용없을 만큼 강력해진다면 어떨까요?

세균을 막기 위해 쓰는 항생제를 너무 오래 자주 사용하게 되면 세균들이 꾀를 부릴 수 있어요. 항생제를 써도 살아남을 수 있는 돌연변이들이 생기는 거지요. 그러면 사람들은 또 다른 강력한 항생제를 써서 이 돌연변이 세균들을 없애려고 해요. 하지만 세균은 세포 하나로 된 작은 생물체라서 자손을 퍼뜨리는 데 그리 많은 시간이 걸리지 않아요.

처음에는 한 가지 종류의 항생제를 쓸모없게 만들던 세균이 나중에는 어떤 항생제를 써도 없애기 힘든 강력한 힘을 가지게 된답니다. 이런 힘을 '내성'이라고 해요. 세균이 항생제 내성을 가진다는 건 그 항생제로는 막을 수 없는 세균이란 뜻이지요. 특히 모든 항생제가 소용없는 강력한 돌연변이 세균을 '슈퍼 박테리아'라고 부릅니다. 항생제 개발 이후, 인간과 세균의 싸움에서 1차전을 인간이 이겼다면 2차전은 세균의 승리처럼 보이네요.

그렇다면 슈퍼 박테리아를 없앨 수 있는 슈퍼 항생제를 만들 수는 없을까요? 많은 과학자들이 슈퍼 박테리아에 효과가 있는 항생제를 만들기 위해 노력하고 있어요. 우리나라 제약회사에서도 슈퍼 항생제를 만드는 데 거의 성공 단계에 이르렀다고 합니다. 인간과 세균의 싸움에서 3차전은 인간이 승리할 수 있을까요?

가축 사료에도 항생제가?

양계장

우리는 아플 때만 항생제를 먹는 게 아니라, 우리 자신도 모르게 항생제를 먹게 될 수도 있어요. 우리가 먹는 고기나 달걀이 항생제를 먹여서 키운 동물에서 나온다면 말이에요. 가축이 먹는 사료에 항생제를 섞으면 세균 감염을 막을 수가 있어서 가축이 병에 잘 걸리지 않아요. 그래서 예전에는 가축 사료에 항생제를 마구잡이로 사용하곤 했어요. 그러는 바람에 항생제가 축적된 고기 등의 식품이 우리 몸에 해를 끼치고, 항생제 내성이 생기는 등 좋지 않은 결과가 나타났어요. 그래서 우리나라에서는 2011년 7월부터 가축 사료에 항생제를 함부로 쓰지 못하도록 법으로 금지하고 있답니다.

암을 치료하는 바이러스도 있다고요?

우리 몸속에 있는 정상적인 세포는 스스로의 시계를 가지고 있어요. 그래서 일정한 시간이 되면 없어지고 또 새로운 세포들이 생겨나요. 그런데 암세포는 이런 시계가 고장이 난 거예요. 세포가 없어지지 않고 계속 자라기만 한다면 우리 몸에 해로운 덩어리를 만들게 되는데, 이것이 바로 암이지요.

또 바이러스가 암을 일으킬 수도 있어요. 바이러스는 원래 우리 세포 속에 들어와서 DNA와 단백질을 이용하는데, 이 과정에서 세포를 고장 낼 수 있지요. 예를 들어, 자궁경부암을 일으키는 원인 가운데 사람유두종 바이러스라는 것이 있어요. 또 B형 간염 바이러스가 간암을 일으킬 수도 있고요. 만약 이러한 바이러스 감염을 막는다면 암도 함께 막을 수 있겠죠?

그런가 하면 과학자들은 거꾸로 바이러스를 이용해 암을 치료하는 방법을 연구하고 있어요. 과학자들이 쥐를 이용해서 실험을 해 보니 어린이들에게 감기나 폐렴을 일으키는 바이러스가 신기하게도 암세포를 공격한다고 해요. 이 실험은 미국 텍사스 의과대학 연구팀에서 처음 성공한 것으로, 제약회사와 손을 잡고 이 바이러스를 이용한 암 치료제 개발에 박차를 가하고 있어요.

소에게 우두를 일으키는 바이러스가 사람의 두창 예방에 쓰였다는 것은 알고 있지요? 그런데 이 우두 바이러스의 유전자를 조작해서 암 환자에게 주사하면 암 덩어리가 커지는 것을 막는다고 해요. 우리나라에서도 말기 간암 환자에게 유전자를 조작한 우두 바이러스를 투여해서 생존 기간이 길어졌다는 연구 결과가 발표되기도 했지요.

이 두 방법 모두 환자들이 안심하고 사용하기 위해서는 앞으로 연구를 더 많이 해야 해요. 어떤 질병을 일으키는 바이러스가 암을 치료하는 데 도움을 주기도 한다니, 바이러스는 참 신기한 녀석이지요?

병원균으로 테러를 한다고요?

호기심이 번쩍!

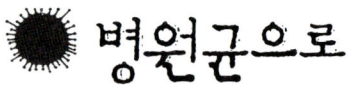

<u>바이오 테러</u>란 생물학적인 위협을 주는 물질, 즉 병원균이나 화학무기 등으로 피해를 입히는 것을 말해요.

만약 감염병 병원균을 일부러 퍼뜨려서 사람들을 병에 걸리게 한다면 얼마나 무서울까요? 세균이나 바이러스는 눈에 보이지 않기 때문에 사람들은 무방비로 병에 걸리게 될 거예요. 폭탄 테러보다 더 무서운 바이오 테러가 일어나는 거지요.

2001년 9월 11일, 미국 뉴욕에서 세계무역센터 건물에 비행기가 충돌하는 끔찍한 테러가 발생했어요. 납치된 비행기에 타고 있던 승객들, 세계무역센터 건물 안에서 일하던 사람들, 그리고 주변 거리에 있던 사람들 등 수많은 사람들이 죽고 다쳤어요. 도심 한복판에서 민간인에게 가해진 엄청난 테러 사건에 전 세계가 충격에 빠졌지요.

그리고 세계무역센터 테러가 발생한 지 1개월 후, 하얀 가루가 들어 있는 편지가 미국 방송사들과 의회로 배달되었어요. 별 생각 없이 평소처럼 편지를 뜯어 본 사람들은 탄저병에 걸렸어요. 그 하얀 가루에 탄저균이 섞여 있었던 거지요. 미국 의회에서는 탄저균에 노출된 사람들 때문에 건물 출입이 완전히 통제되기도 했어요. 심지어 미국 대통령이 있는 백악관에서도 우편물에서 탄저균이 발견되었지요. 탄저균은 피부에 노출될 경우 부스럼과 수포가 생기고 심하면 패혈증으로 발전될 수 있고, 호흡기에 감염될 경우 폐렴 증상이 나타나요. 결국 탄저균 봉투가 신고된 지 한 달 만에 17명이 탄저병에 감염되었고, 그중 5명이 목숨을 잃었어요.

세계무역센터 테러로 인해 충격에 빠져 있던 미국인들은 탄저균 테러로 인해 더욱 힘든 시기를 겪어야 했어요. 흉흉한 소문이 돌면서 사람들은 우편물 봉투를 열어 볼 때마다 가슴을 졸여야 했지요. 어떤 사람들은 이 틈을 타서 밀가루를 봉투에 넣어 여기저기 보내는 나쁜 장난을 쳐서 사람들을 공포에 떨게 만들었지요. 사람들은 혹시나 하는 걱정에 마스크를 사고 탄저병 치료제를 구하러 다녔어요. 이런 공포는 전 세계로 퍼져서 우리나라에서도 국제우편물이나 공항에 버려진 짐 때문에 신고가 빗발쳤답니다.

수사 결과, 탄저균은 미국의 국방연구소에서 근무하던 한 연구원이 가지고 나온 것으로 알려졌어요. 범인으로 지목되었던 이 연구원은 재판을 앞두고 그만 스스로 목숨을 끊었지요. 결국 탄저균 테러는 이 연구원 혼

중세 시대 투석기

자서 범행을 저지른 것으로 결론이 났어요. 그동안 이슬람 테러 조직과 연관이 있다거나 또 다른 테러 조직이 꾸민 일이라는 등 수많은 추측들을 뒤로 하고 말이죠. 인류가 처음으로 발견한 세균인 탄저균은 이렇게 또 한번 역사에 그 이름을 남기게 되었답니다.

사실 바이오 테러는 아주 오래전부터 있었어요. 기원전 6세기경 아시리아인들은 우물에 독성분이 있는 곰팡이를 풀어서 적군을 공격했다고 해요. 14세기에는 몽골군이 우크라이나 카파 지역의 한 성을 포위하고 페스트에 걸려 죽은 군인의 시신을 투석기로 던져 넣었어요. 성 안의 사람들에게 페스트를 감염시켜 성을 손쉽게 함락하기 위해서였지요. 또 18세기에 영국군은 미국 인디언과 싸우면서 두창 환자가 쓰던 담요를 이용해 인디언들에게 두창을 전염시켰어요.

1차, 2차 세계 대전 때 독일과 일본도 세균을 무기로 사용했어요. 소련과 미국을 중심으로 세계가 두 세력으로 나뉘어 싸우던 냉전 시대에는 이런 세균 무기를 많이 개발했다고 해요. 특히 사람에게 매우 위험한 탄저균을 종종 이용했어요. 1979년 구소련에서는 이런 세균 무기를 개발하던 곳에서 일하던 사람들이 균에 감염되는 바람에 약 70명의 직원이 목숨을 잃는 사고도 있었답니다.

세균 무기의 위험성과 그것이 잘못 사용될 가능성 등 여러 가지 문제가 제기되자 공격용 생물학 무기의 개발과 생산을 금지하는 생물무기협정이 체결되었어요. 2013년 기준으로 167개국이 생물무기협정에 서명했지만 바이오 테러의 위협이 완전히 사라진 것은 아니랍니다.

탄저균 실험

1942년, 영국은 탄저균의 위험성을 알아보기 위해 스코틀랜드 연안의 그뤼나드 섬에서 탄저균 실험을 했어요. 그뤼나드 섬에 양 떼를 몰아넣고 그 위에 탄저균 폭탄을 떨어뜨린 거예요. 탄저균에 노출된 가엾은 양들은 탄저병에 걸려 한 마리도 남김없이 죽고 말았어요. 그뤼나드 섬은 지금까지도 탄저균에 오염되어 있을 거라고 해요. 왜냐하면 탄저균 포자는 끈질긴 생명력을 갖고 있기 때문이지요.

호주에서 일어난 토끼 몰살 사건

호주는 지구의 남쪽에 따로 떨어진 오세아니아 대륙에 자리 잡고 있어요. 그래서 그곳에는 다른 대륙에서는 볼 수 없는 독특한 식물과 동물들이 많이 있어요.

지금으로부터 약 150년 전, 많은 유럽 사람들이 호주로 이민을 갔어요. 그런데 한 영국인 이민자가 토끼를 몇 마리 데려갔지요. 그 당시 호주에는 토끼라는 동물이 살고 있지 않았어요. 이 영국인은 데려간 토끼를 별 생각 없이 야생에 풀어놓았답니다.

토끼는 새끼를 많이 낳기 때문에 숫자가 금방 불어나요. 게다가 호주에는 토끼를 잡아먹는 큰 육식동물들이 살고 있지 않았지요. 얼마 지나지 않아 엄청나게 수가 늘어난 토끼들은 초원의 풀을 모두 뜯어 먹고 농작물까지 먹어치웠어요. 사람들은 덫을 놓기도 하고 대대적인 토끼 사냥을 벌였어요. 하지만 토끼 수가 불어나는 걸 막을 수는 없었지요.

1950년대에 들어 사람들은 위험한 방법을 동원했어요. 토끼에게 치명적인 바이러스를 퍼뜨리기로 한 거죠. 바이러스가 퍼지자 호주에 살고 있는 토끼의 99%가 모두 죽고 말았어요. 사람들은 토끼 수를 줄이는 데 성공했다고 좋아했지요. 그런데 얼마 지나지 않아 토끼 수는 다시 전보다 더 빠른 속도로 늘기 시작했어요. 살아남은 토끼들에게는 그 바이러스를 견딜 수 있는 내성이 생겼던 거예요.

그럼 이제 어떻게 해야 할까요? 더 무시무시한 바이러스를 퍼뜨려 토끼들에게 전염시켜야 할까요? 그 바이러스가 다른 동물이나 사람에게는 혹시 나쁜 영향을 미치지 않을까요? 이러한 의문에 대한 명확한 답은 아직 찾지 못했어요. 호주는 아직도 토끼와의 전쟁 중이랍니다.

작고 귀여운 토끼들이 이렇게 골치 아픈 존재로 변해 버린 사건은 우리에게 주는 교훈이 커요. 자연 그대로의 생태계에 인간이 개입하여 변화를 일으킨다면 그것이 아주 작은 것일지라도 그 결과는 엄청나게 커질 수도 있다는 거지요.

지구온난화와 질병은 어떤 관련이 있나요?

지구 기온이 점점 올라가고 있어요. 우리가 살고 있는 한반도의 연평균 기온은 100년 전과 비교하면 1.5℃나 높아졌어요. 여름이 점점 길어지고 더워지고 비도 많이 내립니다. 이런 현상을 지구온난화라고 해요.

지구온난화의 원인은 인간에게 있어요. 우리가 나무와 숲을 없애고, 너무 많은 이산화탄소를 만들어 내기 때문이지요. 이산화탄소가 지구를 감싸 마치 온실처럼 만들기 때문에 지구는 열을 바깥으로 내보낼 수가 없게 돼요. 지구의 온도가 올라가서 남극과 북극의 빙하가 녹으면 해수면이 점점 높아지고 바닷물의 온도가 낮아져요. 이로 인해 극지방에 사는 동물들은 삶의 터전을 잃고 있어요. 반대로 아프리카 지역에서는 비가 오지 않아서 물 부족 현상이 심각하지요.

이러한 기후 변화 때문에 지구상의 모든 생물들은 예전과는 다른 환경에서 살아가야 한답니다. 따뜻한 남쪽에서만 자라던 식물들이 훨씬 북쪽까지 올라와서 자라고, 모기 같은 곤충이 활동하는 기간이 늘어났어요. 이렇게 되면 모기가 옮기는 뇌염, 황열, 뎅기열, 말라리아 같은 열대 질병들이 예전에는 없었던 지역에서도 발생할 수 있어요. 2012년 우리나라에서 말라리아 환자가 500여 명이나 발생한 것은 우연이 아니지요. 이러한 열대성 질병이 우리나라에서도 점차 증가하고 있기 때문에 각별히 주의를 기울여야 해요. 여름이 오기 전에 모기가 알을 낳지 못하도록 미리

물웅덩이를 없애고, 소독을 하고, 모기가 싫어하는 식물을 이용해서 모기를 쫓기도 하지요.

기온이 올라가면 식중독을 일으키는 병원체들에게도 더 좋은 환경이 만들어져요. 그리고 식품 속 곰팡이나 세균이 더 쉽게 독소를 만들어 낼 수 있게 되지요. 평균 기온이 1℃ 오르면 식중독 환자가 5% 늘어난다고 해요. 한반도의 온난화가 계속 진행된다면, 2080년에는 평균 기온이 지금보다 5℃가량 높아질 거라고 해요. 그러면 식중독 환자는 1.5배 이상 늘어날 거라는 계산을 할 수 있어요.

이처럼 지구온난화는 질병의 확산과도 큰 관련이 있어요. 우리가 지구 환경에 더욱 관심을 가지고, 우리가 할 수 있는 것들을 실천해야 할 이유이기도 하지요.

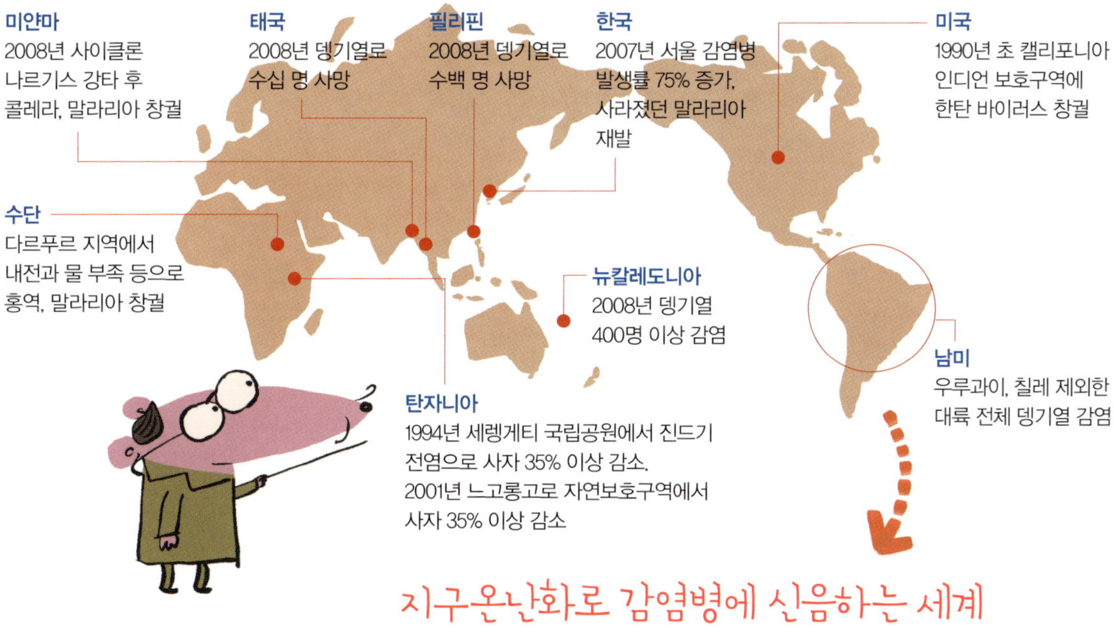

생태계 파괴가 새로운 질병을 일으킬 수 있어요

우리가 살고 있는 지구 상에 가장 많은 종을 차지하는 것은 바로 곤충이에요. 그에 비해 포유류는 약 4,500종에 지나지 않고, 사람이 속하는 영장류는 625종뿐이지요. 그렇다면 눈에 보이지 않는 미생물은 몇 종이나 존재할까요? 우리가 아직 잘 알지 못하는 종들도 있고, 돌연변이들이 지속적으로 생기고 있는 걸 감안하면 상상하기 힘들 만큼 많은 종류의 미생물이 있을 거예요. 이렇게 수없이 많은 종류의 생물들은 서로 다양한 관계를 맺으면서 살아가고 있어요. 만약 어떤 생물이 터전을 잃고 다른 곳으로 서식지를 옮긴다거나, 또 어떤 생물이 아예 사라져 버린다면 이런 관계의 균형이 깨지게 된답니다.

니파 바이러스와 헨드라 바이러스의 경우를 다시 생각해 볼까요? 공장을 짓거나 밭을 일구기 위해서 숲의 나무를 베고 습지를 메워 없애는 경우가 종종 있어요. 그러면 숲 속에 살던 박쥐가 사람이 사는 곳 가까이 서식지를 옮길 수 있어요. 박쥐는 포유류이기 때문에 가축에게 위험한 병원체를 옮길 가능성이 있지요. 가축에게 옮겨 간 병원체는 새로운 숙주에 적응하기 위해서 돌연변이를 일으킬 거예요. 이렇게 돌연변이를 일으킨 병원체가 다시 사람에게 옮는다면 심각한 질병이 발생할 수 있지요.

바이러스를 옮기는 박쥐를 모두 없애면 된다고 생각할 수도 있지만, 그것은 박쥐가 이루고 있던 생태계의 균형을 파괴하는 것이기 때문에 그 이후에 또 어떤 일들이 벌어질지 몰라요. 어쩌면 더 위험할 수도 있지요. 이처럼 자연의 생태계를 보호하는 것은 우리의 삶과 건강을 지키는 아주 중요한 일이랍니다.

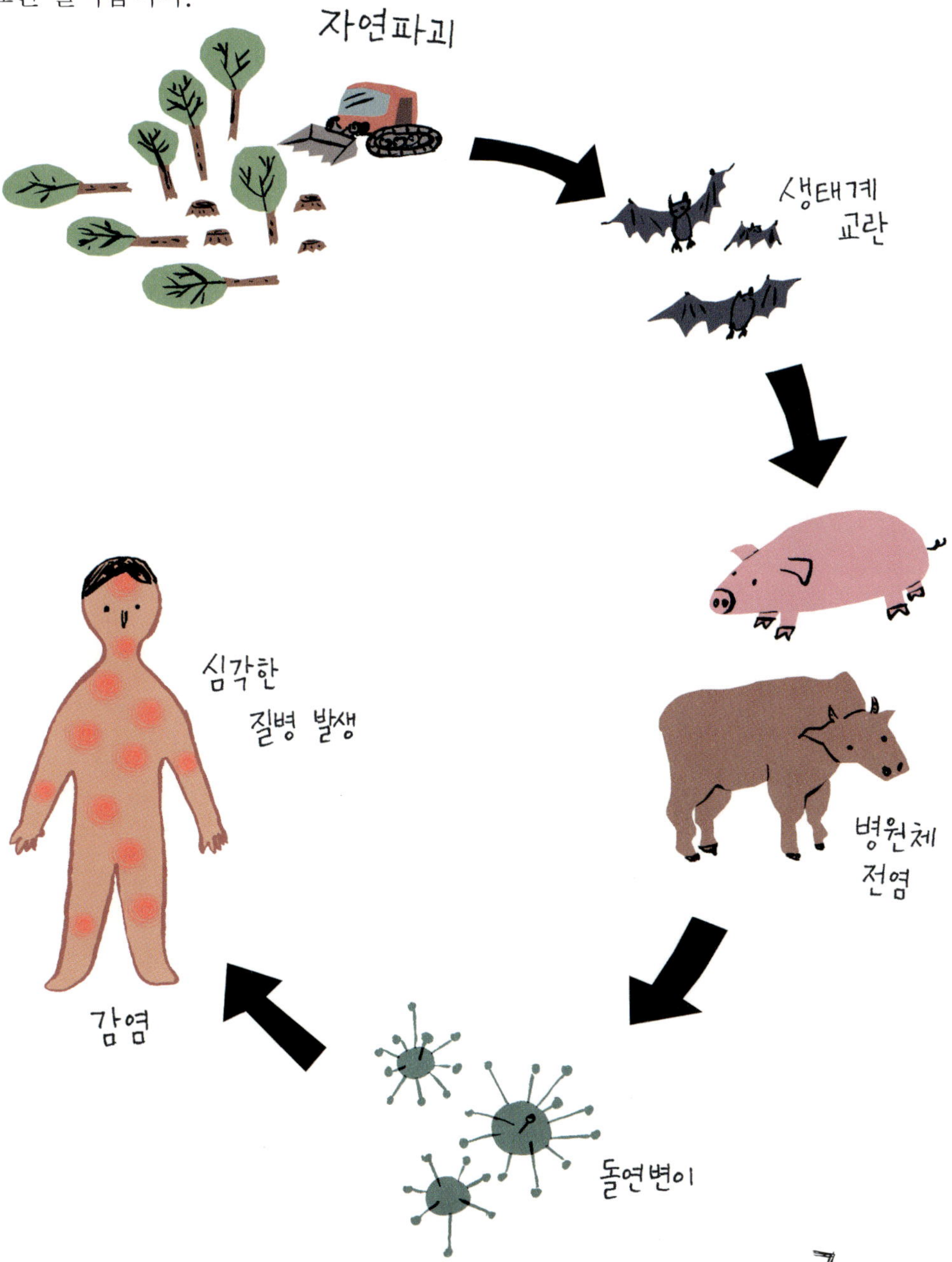

무균박사 특강 7

함께 대처하는 노력

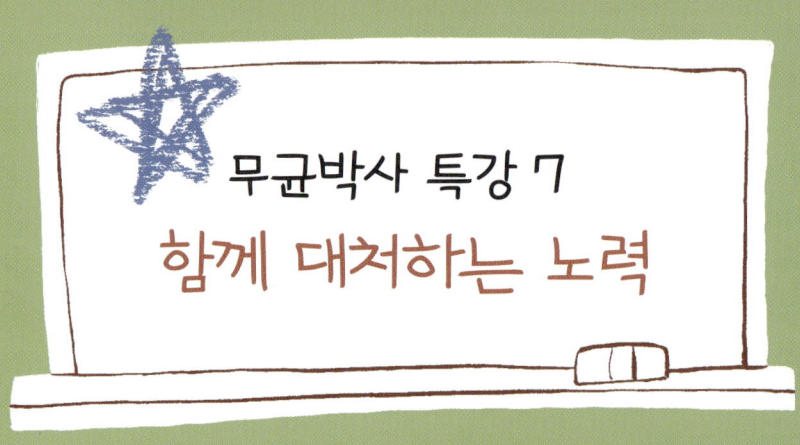

아무리 뛰어난 과학자라고 해도 감염병의 유행을 혼자 막을 수는 없어. 아무리 부자 나라라고 해도 마찬가지야. 오늘날 감염병이 유행한다면 전 세계적인 문제일 수밖에 없기 때문에 그에 대한 대처도 함께 해야 돼.

세계보건기구(WHO)는 194개국이 질병에 대처하기 위한 공동의 노력을 모아 전문적으로 활동하는 기관이야. 1948년에 활동을 시작한 이래로 지금까지 세계 곳곳의 질병을 관리해 왔지. 그 밖의 자선단체와 여러 조직들이 이러한 노력에 동참하고 있어.

특히 가난한 나라의 의료서비스 개선이 시급한 문제야. 대한민국 어린이는 여름이 되면 뇌염모기를 대비해 예방접종을 받지만, 아프리카 어린이는 예방접종은커녕 모기장이 없어서 말라리아에 걸리는 일이 부지기수거든. 아주 기본적인 약이나 예방접종만으로도 소중한 생명을 살릴 수 있지.

그래서 말인데, 내 목표 중 하나는 제자들을 길러 내는 거야. 제2, 제3의 무균박사가 계속 나올 수 있도록 말이지.

인간과 동물과 자연, 모든 생태계는 긴밀하게 연결되어 있어. 생쥐인 내가 미생물학계에 발을 디딘 것은 바로 그런 믿음 때문이야. 이 책을 읽는 너희 중 누군가 나와 함께하지 않을래?

| 찾아보기 |